Bernhard Rambeck
Andrea Clages / Edmund Haferbeck

Tierversuche
müssen abgeschafft werden

Aktuelle Fragen – sachliche Anworten

TIER VERSUCHE

müssen abgeschafft werden

Aktuelle Fragen –
sachliche Antworten

Bernhard Rambeck
Andrea Clages
Edmund Haferbeck

ECHOVERLAG

Mit Unterstützung der Vereinigung „Ärzte gegen Tierversuche" e.V., Nußzeil 50, 60433 Frankfurt

Die Deutsche Bibliothek – CIP-Einheitsaufnahme

Rambeck, Bernhard:
Tierversuche müssen abgeschafft werden / von Bernhard Rambeck ;
Andrea Clages ; Edmund Haferbeck. - Neuaufl. - Göttingen : Echo-
Verl., 1997
    (Aktuelle Fragen - sachliche Antworten)
    Frühere Aufl. u.d.T.: Clages, Andrea: Tierversuche
    ISBN 3-926914-30-0

Neuauflage April 1997
© by ECHO Verlag, Postfach 1704, 37007 Göttingen
Alle Rechte vorbehalten
Umschlaggestaltung: Andrea Clages
unter Verwendung eines Fotos von Jean-Pierre Moine,
Tierhilfswerk Heidelberg
Gesamtherstellung: Die Werkstatt GmbH, Göttingen
Gedruckt auf umweltfreundlichem Papier
(80% Altpapier, 20% aus Holzschliff von Durchfor-
stungsholz; ohne Färbung oder optische Aufheller)
Printed in Germany

ISBN 3-926914-30-0

Inhaltsverzeichnis

1. Gibt es nicht – angesichts des großen Elends auf der Welt – wichtigere Themen als Tierversuche?

2. Warum engagieren Sie sich nicht erst einmal für den Kinderschutz?

3. Können Laien eigentlich beim Thema Tierversuche mitreden? Muß dieses Feld nicht den Experten aus Wissenschaft und Industrie überlassen werden?

4. In welchen Bereichen werden Tierversuche durchgeführt?

5. Wieviele Tiere werden pro Jahr für Tierversuche verbraucht?

6. Warum sollten Tierversuche nicht zulässig sein, sie nützen doch dem Menschen!

7. Welche ethischen Gründe sprechen gegen Tierversuche?

8. Welche sachlichen Überlegungen sprechen gegen Tierversuche?

9. Welche medizinischen Argumente sprechen gegen Tierversuche?

10. Viele Organisationen, die sich mit Tierschutz befassen, verlangen das Verbot aller Tierversuche. Wäre es nicht sinnvoller, vorerst nur eine Reduzierung zu fordern?

11. Falls ein Verbot aller Tierversuche gegen die Lobby aus Industrie und Wissenschaft zur Zeit (noch) nicht durchsetzbar ist: Wie ließe sich schon jetzt die Zahl der Versuchsvorhaben bzw. der verbrauchten Tiere verringern und die Qual für die Versuchstiere vermindern?

12. Der modernen Medizin mit ihren im Tierversuch erprobten Medikamenten verdanken wir doch die erfolgreiche Bekämpfung der Infektionskrankheiten wie Tuberkulose, Keuchhusten, Ruhr, Cholera, Diphtherie, Typhus usw. und einen deutlichen Anstieg der Lebenserwartung in den letzten 100 Jahren!

13. Die meisten der heute verwendeten Medikamente wurden zuvor an Tieren getestet. Ohne Tierversuche hätte es viele wertvolle Errungenschaften der Medizin nicht gegeben. Sollen wir in Zukunft darauf verzichten?

14. Gegen so viele Krankheiten wie Krebs, Rheuma, AIDS, Herzinfarkt, Allergien etc. gibt es erst wenige bzw. keine Medikamente. Muß hier nicht tierexperimentell weitergeforscht werden?

15. Laufend werden von der pharmazeutischen Industrie tierexperimentell neue Medikamente entwickelt. Sind diese Medikamente nicht absolut notwendig?

16. Gibt es denn heute überhaupt eine Alternative zur tierexperimentellen Forschung, wenn man nicht vor den zunehmenden Zivilisationskrankheiten kapitulieren will?

17. Sind denn zur Erforschung neuer medikamentöser Therapien keine Tierversuche nötig?

18. Sind nicht im Bereich der Entwicklung und Erprobung von Medikamenten bestimmte Tierversuche zum Schutz des Menschen absolut notwendig? Gäbe es ohne Tierversuch nicht noch viel mehr Arzneimittelkatastrophen?

19. Wird die Medizin bei der Entwicklung neuer Medikamente nicht erhebliche Rückschritte erleiden, wenn Tierversuche eingestellt werden?

20. Sollten neue Medikamente denn unter Verzicht auf Tierversuche gleich am Menschen ausprobiert werden? Möchten Sie also, daß man an Patients statt an Tieren experimentiert?

21. Lassen sich denn überhaupt neue Medikamente ohne Tierversuche entwickeln und testen?

22. Welche Bedeutung haben In-vitro-Verfahren heute?

23. Wäre die Abschaffung aller Tierversuche nicht das Ende jeglichen medizinischen Fortschritts?

24. Sind denn beim Erlernen und Erforschen von chirurgischen Eingriffen keine Tierversuche nötig?

25. Sind Tierversuche im Studium und in der Ausbildung sinnvoll?

26. Fallen auch gentechnische Experimente und Manipulationen in den Bereich der Tierversuche?

27. Wieweit werden gentechnisch veränderte Tiere patentiert?

28. Sind Tierversuche bei neuen gesundheitlichen Bedrohungen nicht gerechtfertigt?

29. Sind nicht bei neuartigen Krankheiten, wie z.B. AIDS, Tierversuche notwendig?

30. Welche Möglichkeiten hat die tierversuchsfreie AIDS-Forschung?

31. Was hat der Ursprung von AIDS mit Tierversuchen zu tun?

32. Gibt es denn überhaupt einen Nutzen aus Tierversuchen?

Übertragbarkeit der Tierversuche

33. Können die Ergebnisse von Tierversuchen überhaupt auf den Menschen übertragen werden?

34. Zeigt nicht das Beispiel Contergan, daß früher nicht genug Tierversuche gemacht wurden? Müssen nicht an mehreren Tierspezies fruchtschädigende und erbschädigende Eigenschaften sowie Giftigkeit getestet werden?

35. Wenn das Argument richtig ist, daß die Übertragung der Ergebnisse aus Tierversuchen für den Menschen sogar gefährlich ist, warum werden dann überhaupt Tierversuche gemacht?

36. Wo und warum werden bestimmte Tierversuche vom Gesetzgeber verlangt?

Das Tier im Tierversuch

37. Werden Tiere für derartige Versuche benutzt, weil sie unempfindlicher sind als Menschen?

38. Welche Tierarten werden für den Tierversuch benutzt?

39. Woher stammen die in Tierversuchen benötigten Tiere?

40. Werden Tierversuche nicht unter Narkose durchgeführt?

41. Wie werden die Tiere gehalten?

42. Was geschieht nach den Versuchen mit den Tieren?

43. Ist es richtig, daß an einem Versuchstier nur noch ein Versuch durchgeführt werden darf?

44. Welche Rolle spielen Doppelversuche und wie ließen sie sich vermeiden?

Der Tierversuch in der Industrie und im militärischen Bereich

45. Ist es wahr, daß auch die Kosmetikindustrie immer noch Tierversuche durchführt?

46. Welche Kosmetikfirmen distanzieren sich vom Tierversuch?

47. Ist die chemische Industrie gezwungen, zur Herstellung neuer Produkte weiterhin Tierversuche zu machen?

48. Wieso kommen in der Bundesrepublik über 50 Pharma-Firmen völlig ohne Tierversuche aus, während andere Firmen behaupten, sie wären sogar gesetzlich dazu verpflichtet?

49. Wie kommt es, daß die pharmazeutischen Firmen so viel Geld mit Tierversuchen verdienen, wenn es gleichzeitig so teuer ist, sie durchzuführen?

50. In welchen militärischen Bereichen werden Tierversuche durchgeführt?

Allgemeines zum Tierversuch

1. Gibt es nicht – angesichts des großen Elends auf der Welt – wichtigere Themen als Tierversuche?

Tierschutz ist ein Teil des allgemeinen Lebensschutzes, der sich gegen jede Art von Grausamkeit und Unterdrückung, ob gegen Minderheiten, Frauen, Kinder oder Tiere, wendet. Tierschützer appellieren an das ethische Verantwortungsgefühl des Menschen gegenüber allen seinen Mit-Lebewesen. Die Art der Brutalität ist im Prinzip immer die gleiche: Wer seine Mitmenschen ausbeutet, beutet genauso die Natur und die Tiere aus und umgekehrt!

Tierversuchsgegner stellen sich gemeinsam mit anderen Gruppierungen, die sich z.B. mit Massentierhaltung, Tiertransport, Pelztierzucht, Gentechnologie, Waldsterben oder Gefahren der Umweltzerstörung kritisch auseinandersetzen, einer hemmungslosen Ausbeutung der Natur entgegen und begreifen unser ökologisches System als eine sehr störanfällige und in vielfacher Weise in sich vernetzte Einheit. Der Mensch hat auf dieser Welt nur eine Überlebenschance, wenn es ihm gelingt, mit der Natur Frieden zu schließen. Tierversuche tragen nicht zum Frieden mit der Natur bei, sie sind im Sinne des Faustrechts eine brutale Kriegserklärung an die Natur.

„Zunehmend werden Tiere als Wegwerf-Meßinstrumente für Gifte, die der Mensch aus Sorglosigkeit oder Skrupellosigkeit in die Umwelt gebracht hat, verwendet. Die Tiere leiden doppelt unter unserer hemmungslosen 'Nach-mir-die-Sintflut-Mentalität': Zuerst werden sie mit immer neuen Chemikalien, Insektiziden, Pestiziden, Dünnsäuren und Abfällen aller Art in ihren angestammten Lebensräumen geschwächt, vergiftet, verkrebst, zerstört, und dann werden sie noch als lebende Analysegeräte zum Nachweis der Giftigkeit eingesetzt! Fische zur Untersuchung der Wasserqualität, Mäuse und Ratten zur Feststellung von krebserregenden Wirkungen, Kaninchen zum Nachweis von Augen- und Schleimhautreizung usw. usw."

(Bernhard Rambeck: Mythos Tierversuch, Verlag 2001, Frankfurt 1990)

2. Warum engagieren Sie sich nicht erst einmal für den Kinderschutz?

Um die Welt vor Verrohung und Zerstörung zu bewahren, brauchen wir den „Kinderschutzbund", „Terres des Hommes" und „Unicef" genauso wie „Amnesty International" oder „Medico International" und die „Gesellschaft für bedrohte Völker" genauso wie den „Bund für Umwelt und Naturschutz", „Greenpeace" oder „Robin Wood", aber auch Tierschutzvereine und Organisationen gegen Tierversuche. Von Menschen begangenes Unrecht hat viele Gesichter, und jeder, der dagegen ankämpft, nimmt eine wichtige Position ein.

Was würde es denn nützen, wenn die wenigen, die sich überhaupt für etwas einsetzen, alle im Kinderschutz tätig wären, ohne dabei in der Lage zu sein, diesen Kindern eine Welt zu hinterlassen, die für sie lebenswert ist?

3. Können Laien eigentlich beim Thema Tierversuche mitreden? Muß dieses Feld nicht den Experten aus Wissenschaft und Industrie überlassen werden?

Da es beim Tierversuch vor allem um ethisch-moralische Probleme geht, ist auch der (Natur-)Wissenschaftler als Laie zu betrachten! Die Bewertung von Fragen bezüglich der Leidensfähigkeit der Tiere, der Grausamkeit im Tierversuch bzw. des Mißbrauchs von Tieren als „wissenschaftliche" Meßinstrumente darf nicht denen überlassen werden, die vom Tierversuch wirtschaftlich und beruflich profitieren. Aber auch im sachlichen Bereich sind die sogenannten Experten kaum kompetent; denn eine „Wissenschaft", die als ihr Ziel die Erhaltung unserer Gesundheit angibt, jedoch mit völlig ungeeigneten Methoden in Form tierexperimenteller „Modelle" von menschlichen Krankheiten arbeitet, die auf die Situation des kranken Menschen überhaupt nicht übertragbar sind, ist fehl am Platze.

Die Wissenschaft hat permanent im Hinblick auf die Folgeabschätzungen versagt, bestes Beispiel: Die globale Vergiftung und Verseuchung der Umwelt durch in Tierversuchen als unbedenklich klassifizierte Chemikalien und Pflanzengifte. Oder: Die zerstörerischen Auswirkungen der FCKW und anderer Chemikalien auf die Ozonschicht. Darüber hinaus hat ein ganzes Heer von

11

> „Ersichtlich geht es nur zum Teil um naturwissenschaftliche Fachfragen, und wichtiger als sie kann die (Güter-)Abwägung zwischen wissenschaftlichen Belangen und sittlichen Grundsätzen sein. Dies gilt schon für die im Regelfall geforderte ethische Vertretbarkeit tierfeindlicher Handlungsformen, erst recht aber für die hohen Anforderungen unterliegenden quälerischen Tierversuche."
>
> *(Albert Lorz: Tierschutzgesetz – Kommentar, 3. Auflage, München 1987, Auszug aus Randziffer 19 zu § 15 TschG)*

Experten und Wissenschaftlern die – auch Tierversuche einschließende – Gentechnik in ihrem Risikopotential bislang in keiner Weise kritisch bewertet. Welche Folgen werden tierexperimentelle Forschungen im gentechnologischen Bereich haben, welche Risiken bergen die Patentierungen von gentechnisch manipulierten „Tiermodellen" wie „Krebsmaus" oder „AIDS-Maus"? Die führenden Wissenschaftler haben – ganz im Sinne der Industrie – immer nur abgewiegelt, beschwichtigt und die überaus ernsten Gefahren heruntergespielt.

Übrigens bekennen sich bei weitem nicht alle Wissenschaftler zum Tierversuch. Die Zahl der Mediziner bzw. Forscher, die dem Tierversuch kritisch gegenüberstehen, wächst ständig. Tausende von Medizinern engagieren sich in Vereinigungen wie „Ärzte gegen Tierversuche" in Deutschland, Österreich und der Schweiz, „Doctors in Britain against Animal Experiments" in England, „Il Comitato Scientifico Antivivisezionista" in Italien, „Association Scientifique Francaise pour une Recherche Medical sans Cruauté" in Frankreich, „Israelis

Physicians for Responsible Medicine" in Israel, „Doctors in Greece for Responsible Medicine" in Griechenland oder „Medical Research Modernization Committee" und „Physicians Committee for Responsible Medicine" in den USA. Viele dieser ärztlichen Vereinigungen halten regelmäßig Tagungen und Kongresse ab, mit denen sie auf die Beendigung der tierexperimentellen Forschung drängen. Seit einigen Jahren kämpfen engagierte Studenten und Studentinnen ganz im Sinne der Tierschützer gegen Tierversuche im Studium. Die Gruppe SATIS (Studentische Arbeitsgruppe gegen Tiermißbrauch im Studium) in Deutschland und EuroNICHE (European Network of Individuals and Campaigns for Humane Education) auf europäischer Ebene setzen sich für eine humane Ausbildung ohne Tierversuche ein.

4. In welchen Bereichen werden Tierversuche durchgeführt?

Tierversuche werden vor allem in der medizinischen und pharmakologischen Forschung, im universitären Bereich und in der pharmazeutischen Industrie, aber auch in der chemischen und kosmetischen Industrie, in der wehrmedizinischen Forschung sowie in der Ernährungs- und Umweltforschung durchgeführt. Nach den offiziellen Statistiken werden die meisten Versuchstiere von der pharmazeutischen Industrie und von Universitäten, Max-Planck-Instituten und anderen staatlichen Forschungseinrichtungen verbraucht. Grundsätzlich kann man davon ausgehen, daß alles, womit der Mensch in Berührung kommt, was er ißt oder einnimmt, gebraucht oder verbraucht, vorher in irgendeiner Weise an Tieren getetet wurde. Vor allem aus juristischen Gründen (Produzentenhaftung für Produkte) werden von der Industrie unzählige tierexperimentelle Studien im Rahmen eines völlig überzogenen Gesundheits- und Verbraucherschutzes durchgeführt. Wer Tierversuche vorweisen kann, ist juristisch in der Lage, Folgerisiken auf den Patienten oder Konsumenten abzuwälzen. Jedoch hat sich immer wieder gezeigt, daß der Konsument durch Tierversuche überhaupt nicht wirksam vor Schadstoffen geschützt werden kann.

5. Wieviele Tiere werden pro Jahr für Tierversuche verbraucht?

Erst seit dem 1.1.1989 besteht eine gesetzliche Verpflichtung zur Meldung der Zahlen der in Tierversuchen verbrauchten Tiere an das Bundesministerium für Ernährung, Landwirtschaft und Forsten (BML). Die vom BML angegebenen Zahlen (2,64 Millionen Tiere im Jahre 1989; 2,45 Mio. 1990; 2,40 Mio. 1991; 2,08 Mio. 1992; 1,92 Mio. 1993; 1,76 Mio. 1994) treffen so nicht zu. Mit Sicherheit werden wesentlich mehr Tiere von Industrie, Universitäten und Behörden für Experimente verbraucht. Der Tierschutzbericht 1995 des Ministeriums macht selbst deutlich, in welchen Bereichen Tierversuche nicht erfaßt werden: „Entnahmen von Organen oder Geweben für wissenschaftliche Untersuchungen, wenn das Tier vorher im Hinblick auf die weiteren Untersuchungen nicht behandelt wurde", „Eingriffe und Behandlungen zu Demonstrationszwecken bei der Aus-, Fort- und Weiterbildung", „Eingriffe und Behandlungen im Rahmen der Herstellung von Produkten, zum Bei-

14

spiel von Impfstoffen oder Sera", „Übertragung zum Beispiel von Parasiten zur Aufbewahrung dieser Organismen", „Entnahme von Organen an zuvor getöteten Tieren" etc. Da weiterhin unzählige Tiere bereits auf dem
Transportweg, in der Aufzuchtphase, in den Tierstallun-
gen und durch die unzureichenden Haltungsbedingun-
gen bei den Tierhändlern ums Leben kommen oder
schon die Vorbereitungen zum eigentlichen Experiment
nicht überstehen, muß man von einer hohen Dunkelzif-
fer ausgehen.

6. Warum sollten Tierversuche nicht zulässig sein, sie nützen doch dem Menschen!

Sowohl die Zulässigkeit von Tierversuchen als auch deren Nutzen für den Menschen sind aus ethischen, sachlichen und medizinischen Aspekten umstritten. Eine Viel-
zahl von tierexperimentell erprobten Chemikalien und
Pharmaka erschienen zunächst als recht nützlich. Aber
mit der Zeit häuften sich dann die teilweise überaus
schädlichen und in ihren Wirkungen meist irreversiblen
Folgen des Einsatzes solcher Mittel. Tausende Arzneimittel, an Hunderttausenden von Tieren in endlosen
Versuchsreihen getestet und daraufhin für nützlich, ge-
fahrlos und dem Menschen dienlich gehalten, mußten in
den letzten Jahrzehnten wieder vom Markt genommen
werden aufgrund der verheerenden Auswirkungen auf
den Menschen. Die Vereinigung „Ärzte gegen Tierversuche" e.V., Frankfurt, hat eine lange Liste von Medikamenten zusammengestellt, welche nach ihrer Zulassung
aufgrund von tierexperimentell nicht vorhergesehenen
Schäden beim Patienten wieder zurückgenommen wer-

den mußten. Etliche Chemikalien, im Tierversuch eben-falls als unschädlich und nützlich klassifiziert, verseuchen und zerstören unsere Umwelt, den Auswirkungen stehen wir hilflos gegenüber (Verseuchung des Wassers, des Bodens, der Luft, Ozonloch, Treibhauseffekt u.a.m.). Die Beantwortung und Erörterung solch komplexer Fragen erfordern Weitsicht und Erkennen aller Zusammenhänge. Unsere Wissenschaftler dagegen geraten zunehmend in eine finanzielle Abhängigkeit von der Wirtschaft, der es um die rasche kommerzielle Verwertung der (tierexperimentellen) Ergebnisse geht.

Der Philosoph Hans Jonas fordert das „Prinzip Verantwortung". Dieses wird erst von einem Teil der Wissenschaftler bejaht. Der größere Teil, rein von egoistischem Nützlichkeitsdenken bei den tierexperimentellen Arbeiten geleitet, ignoriert das „Prinzip Verantwortung".

Die Ablehnung der Tierversuche aus ethischen Gesichtspunkten wird mit dem grundlegenden Recht des Tieres auf Schutz gegen Willkür und Gewalt, die Ablehnung aus sachlichen Überlegungen mit der mangelnden Übertragbarkeit tierexperimenteller Ergebnisse auf den Menschen begründet. Da Tierversuche die Medizin auf ein mechanistisch-materialistisches Niveau festlegen und zu Erkenntnissen über die Vorbeugung, die psychosomatischen Zusammenhänge und wahren Ursachen der Krankheiten sowie über das Wesen des Heilvorgangs so gut wie nichts beitragen, muß auch aus medizinischen Gründen umgehend auf sie verzichtet werden.

„Bei manchen Experimenten gewinnt man den Eindruck, die Experimentatoren wissen beim besten Willen nicht, was sie jetzt noch untersuchen könnten. Über das seit langem in der Humantherapie eingesetzte Neuroleptikum Haloperidol sind eigentlich die wichtigsten Fakten bekannt, außer der bemerkenswert wichtigen Antwort auf die Frage, ob diese Substanz von isoliert gehaltenen Mäusen rascher abgebaut wird als von Gruppenmäusen. Abgesehen davon, daß die wissenschaftliche Grundlage der Fragestellung genauso rational ist wie die von Kindern, welche wissen wollen, was passiert, wenn sie einen lebenden Frosch aufblasen, entbehrt die mögliche Antwort jeglicher Bedeutung für den Menschen. Oder wollen die Autoren etwa wissen, ob in Zukunft isoliert gehaltene Psychiatriepatienten eine höhere Dosis Haloperidol benötigen als Kranke, welche in Gruppen wohnen? Die Fragen der Studie sind unwichtig, die Durchführung grausam, die Relevanz der Ergebnisse für den Menschen fehlt völlig."

(Bernhard Rambeck: Mythos Tierversuch, Verlag 2001, Frankfurt 1990)

7. Welche ethischen Gründe sprechen gegen Tierversuche?

Auch Tiere haben ein grundlegendes Recht auf Schutz vor Willkür und Gewalt. Sie haben zwar kein vergleichbares Selbstbewußtsein wie der Mensch, aber sie können fühlen, Freude und Angst empfinden, Schmerz und Qualen erleiden.

„Claude Bernard, der Erzvater der Vivisektion, nagelte die Hunde und Katzen am Experimentiertisch fest, um ungestört mit ihnen arbeiten zu können. Die damaligen Methoden haben sich nur geringgradig geändert. Beim vorliegenden Experiment wird auf dem Kopf der Katze ein Sockel mit Schrauben und Knochenzement angebracht. Der Kopf der Katze läßt sich mit Hilfe dieses Sockels unbeweglich an einem Rahmen befestigen. Was empfindet eine Katze, der zuerst eine Metallröhre ins Gehirn eingesetzt wird und die dann in ein Gestell gehängt wird, wo sie in widernatürlicher Weise zwar den Rumpf und die Beine bewegen, mit dem Kopf aber keine Bewegungen mehr ausführen kann? Woher wissen wir, daß sie nicht vergleichbare Kopfschmerzen und Migräne verspürt wie ein Mensch nach einer Schädelverletzung? Wir wissen es absolut nicht! Was empfindet der Experimentator, wenn er den Kopf der Katze am Gestell fixiert und seine Elektroden durch die implantierte Metallröhre in die Nervenzellen des Gehirns sticht? Hat er noch eine Spur von Mitleid mit dieser jammernden und wehrlosen Kreatur, deren Qualen er nach Abschluß seiner Experimente mit einer tödlichen Dosis Pentobarbital ein Ende bereitet? Wir wissen es absolut nicht! Was empfindet eine sich zivilisiert nennende Gesellschaft, die zuläßt, daß ihre Wissenschaften mit brutalen Methoden und Brachialgewalt neues Wissen aus der Natur herauspressen? Wie ist es möglich, daß eine Medizin, die sich auf Hippokrates und andere Weise und Philosophen beruft, beim Versuch ihre Kenntnisse zu erweitern, im Tier nur mehr für ihre Zwecke ausbeutbares Material sieht? Wir verstehen es absolut nicht!"

(B. Rambeck: Mythos Tierversuch, Verlag 2001, Frankfurt 1990)

Die Tierpsychologie hat klar gezeigt, daß Tiere konkrete Formen von Bewußtsein haben, daß sie in ihrem Rahmen durchaus zu erstaunlichen Denkleistungen fähig sind. Achtung und Ehrfurcht vor dem Leben, auch vor dem Leben des Tieres als Mitgeschöpf, muß das höchste Gebot menschlichen und damit auch ärztlichen und wissenschaftlichen Handelns sein.

8. Welche sachlichen Überlegungen sprechen gegen Tierversuche?

Die Ergebnisse von Tierversuchen sind nicht mit der hinreichend nötigen Zuverlässigkeit auf den Menschen übertragbar. Erst die Wiederholung des Experiments am Menschen kann Informationen bringen, ob und in welcher Weise das Tier in gleicher oder entgegengesetzter Weise reagiert wie der Mensch. Das Menschenexperiment wird verharmlosend „klinische Prüfung" genannt, oder es läuft in Form von Chemieunfällen à la Seveso unkontrolliert ab. Kein Tierversuch kann den Menschen vor toxikologischen Problemen ausreichend schützen. Der Tierversuch täuscht eine Scheinsicherheit vor, die es letztlich nicht geben kann.

Da die meisten Krankheitsbilder des Menschen beim Versuchstier nicht spontan und auf natürlichem Wege auftreten, müssen sie in irgendeiner Form künstlich, also durch schädigende Chemikalien, durch einen operativen Eingriff oder auch durch Bestrahlung, erzeugt werden. Die so beim Versuchstier hervorgerufenen Symptome haben aber kaum etwas mit der menschlichen Erkrankung zu tun, die ja meist psychische, soziale, ernährungs- und umweltbedingte, aber auch anlagebedingte bzw. genetische Ursachen hat. Die multifaktoriellen Bedingungen, die zur Entstehung einer Krankheit beim Menschen führen, sind im Tierversuch nicht reproduzierbar.

Schon vor mehr als zehn Jahren machten die sogenannten Zivilisationskrankheiten bereits einen Anteil von 85 % (!) an den Gesamtkrankheiten und Todesfällen aus (Antwort der Bundesregierung vom 3.12. 1986 auf eine Große Anfrage der SPD). Trotz unzähliger Tierversuche und angeblicher Tiermodelle ist nirgends ein Durchbruch bei der Behandlung dieser Krankheiten in Sicht.

> „Derjenige ist ein besserer Arzt, der die Krankheit von uns hält, anstatt sie zu behandeln, wenn wir davon befallen sind. Verhinderung ist so viel besser als Heilung, denn es erspart uns die Mühsal, krank zu sein."
> (Thomas Adams, 17. Jahrhundert)

Generell erlauben die Ergebnisse der Tierversuche keine gesicherten Rückschlüsse auf den Menschen, da zwischen Tier und Mensch vielfältige Unterschiede in anatomischer, physiologischer, metabolischer und psychischer Hinsicht bestehen. Weiterhin gibt es viele Beispiele, die zeigen, daß Medikamente bei Mensch und Tier unterschiedlich wirken und verarbeitet werden können. Es ist ein Wahn zu glauben, daß neue Heilmittel und Heilverfahren für den kranken Menschen auf einem Berg von gefolterten und getöteten Tieren produziert werden könnten.

9. Welche medizinischen Argumente sprechen gegen Tierversuche?

Tierversuche tragen dazu bei, daß sich die Medizin immer mehr von ihrer eigentlichen Aufgabe, nämlich Krankheiten vorzubeugen, sie zu behandeln und zu heilen, entfernt. Da – wie bereits erwähnt – Tierversuche die Medizin auf ein mechanistisch-materialistisches Niveau festlegen, kann sie zu keinen Erkenntnissen über die Vorbeugung von Krankheiten, über ihre wirklichen Ursachen und psychosomatischen Zusammenhänge sowie über das Wesen des Heilvorganges gelangen. Völlig neue Strategien sind notwendig im Kampf gegen Zivilisationskrankheiten wie Herz-Kreislauf-Erkrankungen, Krebs, Rheuma, Stoffwechselerkrankungen wie Diabetes, Gicht, Nierensteinleiden, psychosomatische Erkrankungen, Suchtkrankheiten wie Alkohol-, Nikotin- und Drogensucht, Allergien, Unfallschäden usw. Die Entwicklung immer neuer, oft schädlicher oder gar tödlich wirkender Pharmaka, für deren Herstellung Millionen von Tieren entsetzlichen Qualen ausgesetzt und schließlich getötet wurden, kann hier nur weiter in eine Sackgasse führen.

„Niemand bestreitet, daß ein Ereignis am Menschen aus dem Tierversuch nicht mit Sicherheit vorhersagbar ist. Wenn aber eine wissenschaftlich fundierte Aussage überhaupt möglich sein soll, dann muß man zumindest eine definierte Wahrscheinlichkeit angeben können. Nur dann ist die Vorhersage rational, und nur dann ist sie durch entsprechende Richtlinien normierbar. Ist dies nicht möglich, dann handelt es sich um eine nicht rationale Vorhersage. Sie beruht auf persönlicher Erfahrung, Intuition und Glück. Sie ist nicht übertragbar und normierbar. Nach Auffassung führender Biostatistiker sind Wahrscheinlichkeitsaussagen vom Tier auf den Menschen nicht möglich, weil weder die getesteten Parameter noch die Tierarten noch die geprüften Substanzen als zufällige Stichproben im Sinne der Wahrscheinlichkeitstheorie gelten können. Damit besteht aber gegenwärtig überhaupt keine Möglichkeit einer wissenschaftlich begründeten Vorhersage. In dieser Hinsicht ist die Situation noch ungünstiger als bei einem Glücksspiel, da bei diesem die Erfolgschancen abschätzbar wären. (...) Nach unseren gegenwärtigen Kenntnissen kann man durch Tierversuche die voraussichtliche Wirkung, Wirksamkeit und Unschädlichkeit von Arzneimitteln bei Menschen nicht wissenschaftlich feststellen."

(Pharmakologe Prof. Hensel, 1977)

10. Viele Organisationen, die sich mit Tierschutz befassen, verlangen das Verbot aller Tierversuche. Wäre es nicht sinnvoller, vorerst nur eine Reduzierung zu fordern?

Die Forderung nach einem Verbot von „überflüssigen" Tierversuchen führt nicht weiter, weil kein Wissenschaftler oder Forscher zugeben würde, überflüssige Experimente zu machen. Es gibt für jeden noch so realitätsfernen Tierversuch die Begründung, er diene schließlich der Grundlagenforschung. Bei der Grundlagenforschung geht es um die Erweiterung des allgemeinen Wissens, das dann wieder Grundlage für weitere Forschung sein könnte. Mit der Behauptung, die Ergebnisse wären wieder ein Mosaikstein im Puzzle unseres Basiswissens, läßt sich letztlich jeder Tierversuch von den Experimentatoren rechtfertigen.

Die Forderung nach einer bloßen Einschränkung der Tierversuche lehnen wir ab, da Tierexperimente prinzipiell kein geeignetes Mittel des Erkenntnisgewinns für die Humanmedizin und darüber hinaus moralisch verwerflich sind. Wir fordern die definitive Abschaffung der tierexperimentellen Forschung.

11. Falls ein Verbot aller Tierversuche gegen die Lobby aus Industrie und Wissenschaft zur Zeit (noch) nicht durchsetzbar ist: Wie ließe sich schon jetzt die Zahl der Versuchsvorhaben bzw. der verbrauchten Tiere verringern und die Qual für die Versuchstiere vermindern?

In den letzten Jahren wurden unzählige In-vitro-Systeme (in vitro = im Reagenzglas) unter Verwendung von Zellen, Geweben und Mikroorganismen entwickelt, die dem Tierversuch in vieler Hinsicht weit überlegen sind. Tierversuche ließen sich sofort einschränken durch die behördliche Anerkennung und gesetzliche Vorschrift der Anwendung bereits existierender In-vitro-Systeme. Weiterhin müßten diese Verfahren finanziell massiv gefördert werden. Die Anwendung von In-vitro-Systemen ist prinzipiell wesentlich billiger als das Experimentieren

23

mit Tieren, aber die Entwicklung und Beurteilung (Validierung) von In-vitro-Systemen kann sehr kostspielig sein.

Wir weisen ausdrücklich darauf hin, daß es sich bei den hier und im folgenden erwähnten In-vitro-Methoden nicht etwa um einen bloßen Ersatz oder eine Ergänzung zu Tierversuchen handeln kann. Streng genommen geht es auch nicht bloß um Alternativen zu Tierversuchen, weil man zu einer prinzipiell falschen Methode keine Alternative braucht. Entsprechend vermeiden wir die Begriffe Ersatz-, Ergänzungs- oder Alternativ-Methoden und sprechen korrekt von In-vitro-Systemen. Bei den In-vitro-Systemen geht es um gänzlich neue Wege, die für die humanmedizinische Forschung sowie im Rahmen der Toxikologie (Gift-Forschung) aussagefähige Ergebnisse liefern.

Für eine Einschränkung der Tierversuche wurde in England die Formel der 3 R geprägt (reduce, refine, replace = reduzieren, verfeinern, ersetzen), wobei uns gerade „refinement" und „reduction" als Hauptziel völlig ungenügend erscheinen:

▶ Bei „reduction" geht es um die Verringerung der Zahl der verwendeten Tiere.

▶ Bei „replacement" geht es um einen zunehmenden Ersatz von Tierversuchen durch Studien mit Mikroorganismen, Zell-, Gewebe-, Organkulturen, Computersimulationen etc.

▶ Bei „refinement" geht es um die Modifizierung der Experimentiermethoden, mit dem Ziel, Schmerzen und Belastungen für das Tier zu vermindern.

Aber viele Tierversuchsgegner weisen darauf hin, daß die vor allem von Kreisen der Pharmaindustrie unterstützte RRR-Philosophie den Tierversuch nicht prin-

24

zipiell in Frage stellt und die umgehende Abschaffung aller Tierversuche als System zur Erkenntnisgewinnung in der Medizin und Arzneimittelforschung zu verhindern sucht. Nochmals: Die Formel der 3 R ist für konsequente Tierversuchsgegner kein ausreichender Weg. Tierversuche müssen nicht allmählich reduziert, verfeinert und ersetzt, sondern umgehend und definitiv abgeschafft werden!

„Notwendigkeit" der Tierversuche

12. Der modernen Medizin mit ihren im Tierversuch erprobten Medikamenten verdanken wir doch die erfolgreiche Bekämpfung der Infektionskrankheiten wie Tuberkulose, Keuchhusten, Ruhr, Cholera, Diphtherie, Typhus usw. und einen deutlichen Anstieg der Lebenserwartung in den letzten 100 Jahren!

Das ist ein Trugschluß! Britische Sozialmediziner (McKeown und Lowe 1968) haben nachgewiesen, daß die Sterblichkeit an Infektionskrankheiten lange vor Einsetzen der Chemotherapie stetig sank. Die Ursachen liegen in der Verbesserung der Lebensbedingungen (allgemeine hygienisch-sanitäre Maßnahmen wie Bau von Kanalisationen für Abwässer, Verbesserung des Brunnenbaus für Trinkwasser, Veränderung der Arbeits- und Wohnbedingungen, Verbesserung der Infrastruktur) sowie in einer Verbesserung der Ernährung, was eine generelle Erhöhung der Abwehrkräfte des Menschen zur Folge hatte. Daß diese These zutrifft, läßt sich auch mit dem regelmäßigen Aufflackern von Infektionskrankheiten in den Ländern der Dritten Welt oder in Kriegsgebieten trotz des Einsatzes von modernen Medikamenten belegen.

Der Anstieg der Lebenserwartung im letzten Jahrhundert in Europa ist vor allem durch einen Rückgang der Säuglings- und Kindersterblichkeit, bedingt durch die obigen Faktoren, zu erklären. Nicht die medizinische Versorgung, sondern die Umwelt und soziale Faktoren sind die ausschlaggebenden Determinanten des allgemeinen Gesundheitszustandes der Bevölkerung, somit auch der Lebenserwartung.

13. Die meisten der heute verwendeten Medikamente wurden zuvor an Tieren getestet. Ohne Tierversuche hätte es viele wertvolle Errungenschaften der Medizin nicht gegeben. Sollen wir in Zukunft darauf verzichten?

Der Stand der heutigen, naturwissenschaftlich ausgerichteten Medizin, die zu einem wesentlichen Teil auf Tierversuchen aufgebaut wurde, sagt nichts über ihre weitere Entwicklung aus. Die Pharma-Begeisterung der 50er und 60er Jahre ist seit der Thalidomid-Katastrophe (Contergan) wiederholt der Ernüchterung gewichen. Zahllose zunächst erfolgversprechende Medikamente erwiesen sich langfristig dann doch als recht wirkungslos bei der Behandlung der heutigen Zivilisationskrankheiten. Beispiel Krebs: Ca. 25 % der Bevölkerung stirbt daran, Tendenz steigend. Krebsmittel wirken bestenfalls lebensverlängernd und sind mit enormen Nebenwirkungen belastet. Beispiel Infektionskrankheiten: Der ungezügelte Antibiotika-Einsatz hat zu einer erschreckenden Zunahme der Resistenzbildung von gefährlichen Mikroorganismen geführt. Beispiel Erkrankungen des Herzens: Trotz zahlloser Herzmittel, Bypassoperationen,

Herztransplantationen stirbt mehr als die Hälfte aller Europäer an vermeidbaren chronischen Herz- und Kreislauferkrankungen.

Aber auch in vielen anderen Bereichen der Medizin tritt man auf der Stelle. Allergien: Steigende Zahl von Betroffenen (mittlerweile über 10 Millionen in der Bundesrepublik). Transplantationen: Kosten und Mangel an Spenderorganen zeigen, daß sie Teil einer Luxus- und Ersatzteil-Medizin sind. Psychopharmaka: Probleme der Abhängigkeit.

Weiter wurden auch viele Medikamente, die zur Arzneimittelkatastrophe führten oder sich sonst für den Menschen als gefährlich erwiesen, zuvor an Tieren getestet. So Thalidomid, das zu schweren Mißbildungen während der Schwangerschaft führt; Clioquinol (Mexaform S), Auslöser der SMON-Krankheit; Stilben (Cyren), das zum Scheidenkrebs junger Mädchen führte, deren Mütter dieses Präparat in der Schwangerschaft einnahmen; Antirheumatika (Butazolidin, Tanderil), die zu schweren Magen-Darm-Schädigungen führen können; Phenacetin (1986 wurden 130 Präparate vom Bundesgesundheitsamt BGA wegen Nierenstörung vom Markt genommen); sowie alle Präparate, die zuerst zugelassen und dann von den Gesundheitsbehörden wieder verboten werden. Andererseits: Phenobarbital, eines der wichtigsten Medikamente in der Epilepsie-Therapie, wurde vor etwa 70 Jahren glücklicherweise nicht an Tieren getestet. Dieses bedeutende Arzneimittel führt bei Ratten und Mäusen zu Leberkrebs – beim Menschen jedoch nicht!

Solche Beispiele können beliebig fortgesetzt werden. Es ist außerdem kein Beweis dagegen zu führen, daß eine medizinische Forschung, die von Anfang an auf den

Tierversuch verzichtet hätte, nicht heute einen wesentlich höheren Erkenntnisstand aufweisen würde, als die
auf dem Tierversuch basierende Schulmedizin.

14. Gegen so viele Krankheiten wie Krebs, Rheuma, AIDS, Herzinfarkt, Allergien etc. gibt es erst wenige bzw. keine Medikamente. Muß hier nicht tierexperimentell weitergeforscht werden?

Obwohl unter immensem Aufwand Millionen von Tieren in der experimentellen Forschung „verbraucht" werden, steigt die Zahl der von diesen Erkrankungen Betroffenen unentwegt an. Kein Heilmittel gegen Zivilisationskrankheiten wie Krebs, Herz-Kreislauf-Erkrankungen,
Allergien, rheumatische Erkrankungen, Nierenstein-
Leiden, AIDS, Verletzungen durch Verkehrsunfälle
u.a.m. ist in Sicht. Wir wissen genau, daß nur eine Veränderung unserer Lebensweise, also ein Leben mit weniger
Alkohol, Zigaretten, Fleisch, Fett, Zucker, Streß, Raserei
usw. zu einer Abnahme dieser Erkrankungen führen
kann und nicht spektakuläre, extrem aufwendige, aber
langfristig erfolglose Einzelmaßnahmen wie Organver-
pflanzungen, Kunstherz-Implantationen etc. Aber es ist
eben bequemer, ohne Verzicht und Veränderungen fort-
zufahren und auf ein Supermedikament gegen die Folgen unserer selbstzerstörerischen Lebensweise zu war-
ten.

Auch geht ein Großteil der Erkrankungen (z.B. Allergien, an denen mittlerweile über 10 Millionen Bundes-
bürger leiden) auf die toxische Gesamtsituation zurück.
Fahrlässig in Kauf genomme Umweltverseuchung

durch Pestizide, Insektizide und viele andere Chemikalien haben direkte negative Auswirkungen auf unsere Gesundheit (z.B. Pseudo-Krupp bei Kindern, Krebs, Allergien usw.). Dazu kommt die schädliche Ernährung mit fabrikatorisch hergestellten und veränderten Nahrungsmitteln, die streng genommen gar keine Lebensmittel mehr sind. Das hierdurch auftretende jahrzehntelange Defizit an Vitalstoffen fordert natürlich seinen Tribut von unserer Gesundheit. Nahrungsmittelskandale bestimmen doch mittlerweile unser Leben (Salmonellenvergiftungen durch Hähnchen aus der Massentierhaltung, hormonverseuchtes Kalbfleisch, mit Antibiotika belastetes Fleisch, Epidemien von Schweinepest, Fleisch von möglicherweise an Rinderwahnsinn erkrankten Tieren, Fische mit hohen Cadmium- und Quecksilberwerten).

Fazit: Nicht die tierexperimentelle Entwicklung von immer neuen Medikamenten, sondern nur eine Änderung unserer selbstzerstörerischen Lebensweise kann uns letztlich vor den Krankheiten der heutigen Zeit schützen.

15. Laufend werden von der pharmazeutischen Industrie tierexperimentell neue Medikamente entwickelt. Sind diese Medikamente nicht absolut notwendig?

Die Weltgesundheitsorganisation (WHO) hat festgestellt, daß etwa 270 Wirksubstanzen notwendig sind, um den Großteil der heute auftretenden Erkrankungen zu behandeln; die deutschen Pharmaunternehmen bieten über 70.000 Arzneimittel an mit teilweise therapeutisch völlig unzweckmäßigen Wirkstoffkombinationen, während in den benachbarten ausländischen Staaten „nur" wenige tausend Arzneimittel zur Verfügung gestellt werden.

Laufend kommen neue Medikamente auf den selbst für Fachleute bereits völlig unübersichtlichen Markt. In den letzten Jahren handelte es sich fast immer eher um unter merkantilen Gesichtspunkten interessante Substanzen, aber nirgends wurde ein Durchbruch erzielt. Das unabhängige Berliner „arzneitelegramm" schrieb in einer Stellungnahme im April 1993, daß von den in den Jahren 1987 bis 1992 zugelassenen Medikamenten ganze neun eine neue therapeutische Wirkung zeigten. Typisch sind auch die vom damaligen Bundesgesundheitsamt (BGA) für 1993 genannten Zahlen: 1.700 Arzneien wurden zugelassen, 1.300 Arzneien wurde die Zulassung versagt. In einer Pressemitteilung des BGA vom Dezember 1993 ist zu lesen: „Arzneimittel mit besonders zu erwähnendem therapeutischem Fortschritt waren eher selten." Gerade drei Präparate werden dann aufgeführt. Dieses magere Ergebnis steht doch in starkem Gegensatz zu den üblichen Behauptungen der Verfechter der tierexperimentellen Forschung, die bei einem Stop der Tierversuche den Untergang der Medizin mit katastrophalen Folgen für die medizinische Versorgung der Menschheit an die Wand malen.

Andererseits berichtet das von den Interessen der Pharmaindustrie unabhängige „arzneitelegramm" mit großer Regelmäßigkeit über Fälle von Medikamenten, welche in die Rubriken Fiasko, Absturz, Risiko, Abhängigkeitspotential, fehlende Wirksamkeit eingeordnet werden dürfen. Allein in Deutschland sind nach einer Untersuchung des Bremer Pharmakologen Prof. Schönhöfer 8.800 tödliche und 120.000 schwerwiegende Medikamentennebenwirkungen pro Jahr zu erwarten. Natürlich waren alle Substanzen vor der Anwendung beim Menschen tierexperimentell als sicher eingestuft.

16. Gibt es denn heute überhaupt eine Alternative zur tierexperimentellen Forschung, wenn man nicht vor den zunehmenden Zivilisationskrankheiten kapitulieren will?

Während die medizinische Forschung versucht, in tierexperimentellen Modellen unsere Massenkrankheiten zu simulieren, um sie irgendwie zu behandeln, auch wenn die Gesundheit des Patienten dabei restlos ruiniert wird, beschäftigen sich aufgeschlossenere Mediziner zunehmend mit den tatsächlichen Hintergründen der sogenannten Zivilisationskrankheiten. Es wird immer klarer, daß eine prinzipielle Änderung unserer Lebensgewohnheiten langfristig viel effektiver und volkswirtschaftlich billiger wäre als die vielen medikamentösen und chirurgischen Behandlungen. In jüngster Zeit belegen immer umfangreichere Studien, welche in den großen medizinischen Fachzeitschriften publiziert werden, daß zumindest Krebs und Herz-Kreislauferkrankungen, aber auch viele andere Krankheiten, zu einem erheblichen Teil durch Faktoren wie Rauchen, Alkohol und unsinnige Ernährung verursacht oder zumindest mitbedingt sind. Deutsche, aber auch amerikanische Studien mit Tausenden von Vegetariern und fleischessenden Kontrollpersonen haben eindeutig gezeigt, daß bei den Vegetariern wesentlich weniger Krebsfälle auftreten als bei den Kontrollgruppen! Andererseits wäre ein Medikament, welches die Zahl der Krebsfälle so massiv reduzieren könnte wie die vegetarische Ernährung, längst nobelpreisverdächtig.

In der Vegetarierstudie des Deutschen Krebsforschungszentrums Heidelberg, in dessen Verlauf das gesundheitliche Wohlergehen von 1.904 Vegetariern über mehr als ein Jahrzehnt verfolgt wurde, zeigte sich weiter, daß die Vegetarier nicht nur überdurchschnittlich gesund sind, sondern auch eine deutlich höhere Lebenserwartung als ihre fleischessenden Zeitgenossen haben. Durch die Ablehnung von Nahrungsmitteln, welche aus toten Tieren gewonnen werden, schützen sie sich besonders vor Herz- und Kreislauferkrankungen.

Neben der Ernährung ist das Rauchen einer der wesentlichen Faktoren, die den enormen Anstieg der Zahl der Krebstoten in den letzten Jahrzehnten erklären. In Europa steht heute ein Fünftel aller vorzeitigen Todesfälle mit dem Zigarettenrauchen in Verbindung. Inzwischen ist gesichert, daß nicht nur Lungenkrebs, sondern auch Kehlkopfkrebs, Karzinome von Mund, Speiseröhre und Bauchspeicheldrüse, Tumoren der Harnblase und der Nieren, nach neuen Untersuchungen auch die der Gebärmutter, durch das Rauchen begünstigt werden.

Es ist eine grundlegend falsche Vorstellung, daß wir die Folgen unserer selbstmörderischen Lebensweise beim Tier als Krankheit reproduzieren könnten, um sie dann mit chemischen Mitteln wieder zu beseitigen. Der Versuch, die modernen Massenkrankheiten wie Herz- und Kreislauferkrankungen oder Krebs an Tieren zu erforschen, ist zum Scheitern verurteilt. Nur eine prinzipielle Änderung unserer Lebensgewohnheiten kann zu einem nachhaltigen Rückgang der Zivilisationskrankheiten führen!

17. Sind denn zur Erforschung neuer medikamentöser Therapien keine Tierversuche nötig?

Fast alle Medikamente der traditionellen Schulmedizin sind darauf angelegt, die Symptome von Krankheiten zu beseitigen (davon ausgenommen: Infektionskrankheiten). Viel sinnvoller ist es, die Ursachen der Krankheiten, wie falsche Ernährung, Suchtverhalten, Streß, Bewegungsarmut usw., zu erforschen und entsprechende Therapien zu entwickeln, wie es in der Ganzheitsmedizin, in der Naturheilkunde und in der traditionellen Medizin Indiens, Chinas und Tibets längst praktiziert wird.

Aber selbst wenn Medikamente auf herkömmliche Art entwickelt werden sollen, muß das nicht auf der Basis von Tierversuchen erfolgen. Es ist eine reine und bis heute nicht bewiesene Hypothese (die durch die ständige Wiederholung in der Pharmawerbung nicht wahrer wird), neue Medikamente seien nur über den Tierversuch zu finden. Es gibt auch andere, wesentlich effizientere Methoden zur Wirkstoff-Findung, die aber durch die Bevorzugung des Tierversuchs in der Forschung nicht genügend berücksichtigt und vom Staat auch nicht mit ausreichendem Nachdruck (sprich Geld) gefördert werden. Es gibt längst konkrete Möglichkeiten, Medikamente auf der Basis von In-vitro-Methoden (Zell- und Gewebekulturen etc.) zu entwickeln und zu testen. Je schneller der traditionelle Tierversuch durch gesetzliche Regelung und auf Druck der Öffentlichkeit aufgegeben wird, um so größer werden die Chancen dieser In-vitro-Methoden, wirklich auf breiter Basis entwickelt, getestet und angewandt zu werden.

18. Sind nicht im Bereich der Entwicklung und Erprobung von Medikamenten bestimmte Tierversuche zum Schutz des Menschen absolut notwendig? Gäbe es ohne Tierversuch nicht noch viel mehr Arzneimittelkatastrophen?

Bis zur Jahrhundertwende wurden viele wichtige Medikamente, die auch heute noch eingesetzt werden, entwickelt – ohne Tierversuch oder nur an wenigen Tieren getestet. Aspirin und Phenobarbital sind zwei typische Beispiele. Es gab kaum Probleme, weil man damals mit Medikamenten weit vorsichtiger umging als heute. Erst als die Massenproduktion der Medikamente begann, kam es zu Arzneimittelkatastrophen – Contergan (Thalidomid) ist ein typisches Beispiel.

Heute sind interessanterweise gerade die Tierversuche, von denen die Öffentlichkeit glaubt, sie wären zum Schutz des Menschen absolut notwendig, nämlich die Untersuchung der Toxikologie (Giftigkeit), Kanzerogenität (Krebserregung), Teratogenität (Fruchtschädigung), Mutagenität (Erbschädigung) etc., bei neuartigen Medikamenten und Chemikalien durch nicht-tierexperimentelle Methoden ersetzbar. Da es sich bei den untersuchten Substanzeigenschaften um definierte Einflüsse auf Zellvermehrung, Zellteilung, Veränderung des Zellkerns usw. handelt, werden diese Eigenschaften bereits heute (parallel zu Tierversuchen) weitgehend anhand von Zellkulturen o.ä. in vitro, d.h. im Reagenzglas, untersucht. Die zuständigen Behörden sind jedoch bei der Zulassung neuartiger Untersuchungssysteme übervorsichtig, um keine Verantwortung übernehmen zu müssen.

Die Aussagekraft dieser In-vitro-Systeme ist den Tierversuchen weit überlegen (Standardisierbarkeit, Reproduzierbarkeit; Übertragbarkeit durch Verwendung von menschlichen Zellkulturen etc.). Was langfristige Schäden durch Medikamente betrifft, war die Aussagekraft von Tierversuchen schon immer sehr gering. Alle Medikamente, die Jahr für Jahr von den Gesundheitsbehörden wegen chronischer Schäden zurückgezogen wurden, waren exzessiv im Tierversuch getestet worden. Tierversuche erhöhen nicht die Arzneimittelsicherheit, sondern bewirken geradezu das Gegenteil, wie viele Beispiele der letzten Jahre gezeigt haben. Chronische Schäden sind durch Tierversuche noch schwieriger abzuschätzen als akute toxische Wirkungen, da sich Mensch und Tier zu sehr unterscheiden im Hinblick auf Anatomie, Physiologie, Psyche, Metabolismus, Lebenserwartung, Sozialverhalten, Biorhythmus und Selbstheilungskräfte.

19. Wird die Medizin bei der Entwicklung neuer Medikamente nicht erhebliche Rückschritte erleiden, wenn Tierversuche eingestellt werden?

Pharmazie und Medizin sind bei der Entwicklung neuer Medikamente auf chemischer und biochemischer Basis an ihre Grenzen gestoßen. Im letzten Jahrzehnt ist trotz ständig steigender Ausgaben für die Entwicklung neuer Medikamente in keinem Bereich mehr ein Durchbruch gelungen, und es ist auch keiner zu erwarten. Alle gängigen Substanzen sind umfassend auf ihre therapeutischen Fähigkeiten hin abgeklopft, chemische Veränderungen von bewährten Substanzen sind bis zum Exzeß durchgespielt worden. Wir vergessen, daß die Natur in Millionen von Jahren viel bessere Chancen hatte, optimale Wirk-

stoffe zu finden, als unser menschlicher Verstand, einschließlich aller Tierversuche. Eine Einstellung der Tierexperimente würde zu keinem Rückschlag der medizinischen Forschung führen (mit einem 3-5jährigen Tier-
versuchsstop, einem Moratorium, wie dies vom italieni-
schen und vom Europaparlament gefordert wird, ließe
sich das zeigen), im Gegenteil. Weiterhin würde das Ein-
geständnis, sich in einer pharmakologischen Sackgasse zu
befinden, eventuell zu einer Änderung unserer selbstzerstörerischen Lebensweise beitragen.

20. Sollten neue Medikamente denn unter Verzicht auf Tierversuche gleich am Menschen ausprobiert werden? Möchten Sie also, daß man an Patienten statt an Tieren experimentiert?

Keineswegs! Wir möchten vielmehr, daß man aufhört,
an Menschen zu experimentieren. Um Menschenversuche im strengen Sinne handelt es sich bei der erstmaligen
Gabe von neuen Medikamenten an „freiwilligen Probanden" (Versuchspersonen) gegen Honorar (Phase-I-Stu-
dien). Studien dieser Art sind nicht nur für den Teilnehmer riskant, sondern auch ethisch fragwürdig, da die
Notlage der „freiwilligen Probanden", oft minderbemit-
telte Studenten, Arbeitslose, Nichtseßhafte, Drogenab-
hängige, ausgenutzt wird. Kaum ein vernünftiger
Mensch wird ohne zwingenden Grund seinen Körper
gegen Geld als Testsystem für möglicherweise giftige
Substanzen zur Verfügung stellen. Viele dieser Probanden sind als Berufsprobanden einzuordnen, da sie von
den Honoraren dieser Menschenversuche leben. Entsprechend werden die Ergebnisse dieser Studien mit frei-

willigen Probanden von Fachleuten in Frage gestellt, da die Teilnehmer möglicherweise durch vorangegangene Studien vorgeschädigt sind und – da sie ja nur am Honorar interessiert sind – die Medikamente kaum zuverlässig einnehmen. Gelegentlich kommen Freiwillige bei Untersuchungen dieser Art zu Tode. Ferner müssen aufgrund § 40f. des Arzneimittelgesetzes (AMG) regelmäßig Menschenversuche im weiteren Sinn an Patients gemacht werden, denen (nach mehr oder weniger sauberer Aufklärung über die Risiken) neue Medikamente verabreicht werden (Phase-II-IV-Studien). Auch hier kommt es regelmäßig zu unvermuteten Nebenwirkungen, die den Abbruch der Studien erzwingen. Selbst Todesfälle werden hierbei vom Gesetzgeber in Kauf genommen (§ 40 AMG, Abs. 1 u. 3) und treten aller Erfahrung nach auch ein.

Da Tierversuche keine relevante Methode darstellen, um die Reaktion eines kranken Menschen auf bestimmte zu prüfende Medikamente zu beobachten, sollten klinische Tests erst durchgeführt werden, nachdem die neuen Arzneimittel zuvor mit zuverlässigen In-vitro-Tests entwickelt und vorsichtig an freiwilligen Probanden erprobt wurden. Aber dies muß wesentlich sorgfältiger geschehen als bisher, und der Gesetzgeber muß hierzu die erforderlichen Grundlagen schaffen. Auch nach der jetzigen Gesetzeslage werden die Medikamente nach vorherigen Tierversuchen in klinischen Tests am erkrankten Menschen ausprobiert. Dies wird verharmlosend als „klinische Prüfung" bezeichnet, ist aber nichts anderes als ein „Menschenversuch". Letztlich ist und bleibt der Mensch das Versuchskaninchen. Fazit: Trotz eines umfangreichen Tierversuchssystems bleibt das Hauptrisiko bei der Entwicklung von Medikamenten beim Patienten!

21. Lassen sich denn überhaupt neue Medika- mente ohne Tierversuche entwickeln und testen?

In der medizinischen Fachliteratur wurden in den letzten Jahren unzählige Studien mit In-vitro-Verfahren veröffentlicht. „In vitro“ bedeutet im Reagenzglas, ohne Tierversuch. Im Prinzip werden heute In-vitro-Verfahren fast in allen medizinischen Bereichen angewandt. Sie umfassen das Studium von Wirkmechanismen im Bereich der Pharmakologie, die Abschätzung von toxikologischen Risiken (Giftigkeitsforschung), die Prüfung von Medikamenten und Chemikalien auf erbgutverändernde und fruchtschädigende Wirkungen, die Untersuchung von krankheitserregenden Mechanismen, die Gewinnung und Prüfung von Impfstoffen, den Einsatz in der Krebstherapie, die Entwicklung von Testmodellen aller Art und vieles andere mehr.

22. Welche Bedeutung haben In-vitro-Verfahren heute?

In fast allen Bereichen der Medizin stehen In-vitro-Verfahren, also Systeme mit Zell- und Gewebekulturen „im Reagenzglas“, zur Verfügung, welche billiger, schneller, reproduzierbarer und vor allem aussagekräftiger als Tierversuche sind. Bislang wurden vor allem Zellen und Gewebe von getöteten Ratten und Mäusen verwendet. Dies ist unbefriedigend, weil auch hier Tiere getötet werden müssen, und weiter, weil das Problem der Übertragbarkeit von Ergebnissen vom Tier auf den Menschen auch dann besteht, wenn man statt mit dem Tier selbst mit tierlichen Zellen experimentiert. Aber in den letzten Jahren wurden wichtige Fortschritte erzielt: Zunehmend werden menschliche Zellen und Gewebe verwendet, welche zum Beispiel aus Operationen und chirurgischen Eingriffen zur Verfügung stehen. Diese Studien mit menschlichem Material sind ethisch absolut vertretbar und aus wissenschaftlicher Sicht für die Forschung hervorragend geeignet!

Im folgenden werden einige typische Beispiele dargestellt:

▸ Isolierte Herzmuskelzellen aus klinisch notwendigen Bypassoperationen und Herztransplantationen können im Reagenzglas in Nährlösung am Leben gehalten werden. Sie können gereizt werden und ziehen sich zusammen. Mit diesen Zellen wird nach herzwirksamen Substanzen gesucht, weiter können physiologische Störungen im Modell getestet werden.

▸ Mit Kulturen von Leberzellen sind präzise Aussagen über den Abbau von Medikamenten und anderen Chemikalien in der Leber möglich.

▸ Wichtige Probleme der Grundlagenforschung, der Krankheitsentstehung, der Arzneitherapie und der Toxizität können mit menschlichen Nierenzellenkulturen studiert werden.

▸ Mit kultivierten Nervenzellen werden Substanzen erforscht, welche den Stoffwechsel und die Ausschüttung von Überträgerstoffen in der Nervenzelle beeinflussen. In der Epilepsieforschung wird zunehmend mit Hirngewebe aus operativen Eingriffen gearbeitet, welches z.B. bei der neurochirurgischen Beseitigung eines Hirntumors oder im Rahmen der Epilepsiechirurgie erhalten wird. Damit lassen sich die elektrophysiologischen Wirkungen neuer und alter Antiepileptika untersuchen.

▶ Aus menschlicher Haut gewonnene Hautzellen werden in Kultur gezüchtet. Mit daraus erhaltenen Zellkulturstücken läßt sich die Reizwirkung von Chemikalien auf die Haut bestimmen.

▶ Mit menschlichen Knochenzellen wird die Verträglichkeit von Materialien für künstliche Hüftgelenke u.ä. getestet.

▶ Mit Kulturen von Krebszellen werden Substanzen getestet, welche die Ausbreitung, aber auch das Wachstum von Tumoren beeinflussen. Vor allem bei der Suche nach neuen krebshemmenden Substanzen spielen Studien mit menschlichen Krebszellen eine große Rolle.

▶ Mit Hilfe von niederen Organismen wie Bakterien, Algen und Pilzen, die sich leicht züchten lassen, werden wichtige Ergebnisse im Bereich der Zellschädigung gewonnen. So wird z.B. im sogenannten Ames-Test die mutagene Fähigkeit von Substanzen durch Bakterien nachgewiesen.

▶ Durch Computersimulation lassen sich viele Tierversuche im Bereich der Pharmakokinetik, d.h. der Verteilung und Geschwindigkeit des Abbaus von Medikamenten im Körper, ersetzen.

Dies sind nur einige typische Beispiele. In der Fachliteratur werden laufend neue Möglichkeiten publiziert. In diesem Zusammenhang weisen wir noch darauf hin, daß sorgfältige klinische Untersuchungen und Felddaten, an bestimmten Menschengruppen erhoben, Tierversuchen immer weit überlegen sind. Die Beurteilung der Wirkungen und Nebenwirkungen von Medikamenten bei Patienten – immer das Einverständnis des Patienten vorausgesetzt – durch den behandelnden Arzt ist wesentlich aussagekräftiger als die Wirkung einer hohen Dosis des gleichen Medikaments beim Tier. Populations- und Feldstudien können viel besser als Tierversuche zeigen, wie harmlos oder schädlich sich Medikamente, aber auch andere Substanzen wie Nikotin, Alkohol, Asbest, Dioxin oder andere Stoffe für den Menschen auswirken.

Die Grenzen der In-vitro-Verfahren für Forschung, Entwicklung von Medikamenten, aber auch für die klinische Untersuchungsdiagnostik sind noch lange nicht erreicht, laufend werden von Wissenschaftlern neue Methoden entwickelt, welche dem klassischen Tierexperiment weit überlegen sind. Sowohl in Europa als auch in den USA werden regelmäßig Kongresse abgehalten, auf denen die neuesten Möglichkeiten von In-vitro-Systemen vorgestellt werden, und es gibt spezielle Fachzeitschriften, welche sich mit der Entwicklung und Verbreitung von In-vitro-Methoden beschäftigen.

23. Wäre die Abschaffung aller Tierversuche nicht das Ende jeglichen medizinischen Fortschritts?

Medizinischer Fortschritt ist wichtig, aber Tierversuche sind der falsche Weg! Zunehmend wird erkannt, daß die heutige an Tierexperimenten orientierte Medizin nicht mehr zeitgemäß ist. Sie ist zu teuer, in vielen Bereichen ausgesprochen gefährlich und bei den meisten Zivilisationskrankheiten weitgehend unwirksam. Sie behandelt bestenfalls Symptome und ist nicht in der Lage, die tatsächlichen Ursachen und psychosomatischen Zusammenhänge unserer Krankheiten zu beurteilen, geschweige denn sie präventiv zu beeinflussen. Vom Begriff der Heilung hat sich die Hochschulmedizin zurückgezogen und überläßt ihn weitgehend den Heilpraktikern. Sie bezieht sich lieber auf ihre aus Doppelblind-Studien erhaltenen Statistiken (in diesen Studien wissen weder Patienten noch der behandelnde Arzt, ob ein Placebo, also eine Tablette ohne Wirkstoff, oder das Medikament verabreicht wurde).

Die Zukunft gehört menschenwürdigen Formen der medizinischen Wissenschaft. Ihre Entwicklung darf nicht von pharmaindustrie-abhängigen „Biotechnologen" bestimmt sein, sondern muß von Ärzten und Heilern, welche demütig mit Mensch und Natur umgehen, getragen werden. Tierversuche werden in einer zukünftigen Medizin keinen Platz finden. Sie gehören zu den schauerlichsten Ideen des menschlichen Gehirns.

24. Sind denn beim Erlernen und Erforschen von chirurgischen Eingriffen keine Tierversuche nötig?

Nein, dagegen sprechen entschieden die organischen Unterschiede zwischen Mensch und Tier, wie von tierexperimentell arbeitenden Chirurgen selbst kritisch angemerkt wird. Möchten Sie sich Ihren Blinddarm lieber von einem Arzt entfernen lassen, der vorher an einem Hund, einer Ratte oder einem Schwein geübt hat, oder von einem Arzt, der längere Zeit einem erfahrenen Chefarzt zugesehen, dann kleinere Eingriffe in Anwesenheit des Chefarztes selbst mit zunehmender Selbständigkeit ausgeführt hat?

> „Operative Erfahrung am Hund ergibt möglicherweise einen guten Tierarzt – wenn man einen solchen für seine Familienangehörigen wünscht..."
> (Prof. Dr. W. Held, Chirurg)

Erwähnenswert ist hier, daß in Großbritannien per Gesetz der Tierversuch aus der Ausbildung der Chirurgen verbannt wurde, und das schon vor Jahrzehnten. Auch in der Experimental-, Transplantations- und Mikro-Chirurgie sowie in der endoprothetischen Forschung ist der Tierversuch entgegen immer wieder aufgestellten Behauptungen nicht notwendig. Ein Gelenkersatz kann z.B. durch den Computer im Hinblick auf Materialzusammensetzung, statische Form und zweckmäßige Herstellung im Labor optimal erarbeitet und auch die Beurteilung der Widerstandsfähigkeit, der Belastbarkeit und sonstiger physikalischer Reaktionen dort besser und umfassender durchgeführt werden als im Tierversuch.

> „Tausende von Chirurgen sind fähige und verantwortungsbewußte Operateure geworden, ohne je an einem lebenden Tier geübt zu haben!"
> *(Dr. Werner Hartinger, Chirurg und Unfallchirurg, 1988)*

25. Sind Tierversuche im Studium und in der Ausbildung sinnvoll?

Noch immer werden an vielen Universitäten im Rahmen des Studiums von Medizin, Tiermedizin und Biologie Tierversuche durchgeführt. Zum Beispiel werden im Physiologie-Praktikum Frösche geköpft und Herz, Muskeln oder Nerven entnommen, um die Reaktion von Organen auf Reize darzustellen. In anderen Praktika wird anhand von narkotisierten Ratten die Darmtätigkeit demonstriert.

Aber die Kritik an der Verwendung von wehrlosen Geschöpfen als Wegwerf-Meßinstrumente und Demonstrationsobjekte wächst! Zunehmend werden Praktika mit tierexperimentellen Inhalten von Studenten und Studentinnen verweigert, mehr und mehr Universitäten ziehen die Konsequenz daraus und bieten tierversuchsfreie Praktika an.

An fast allen Universitäten gibt es inzwischen Gruppen von kritischen Studenten, welche sich zum „Bundesverband studentischer Arbeitsgruppen gegen Tiermißbrauch im Studium" e.V., SATIS, zusammengeschlossen haben. SATIS hat es sich zur Aufgabe gemacht, Informationen über Tierverbrauch im Studium zu verbreiten und Alternativen aufzuzeigen, z.B. Verwendung von histologischen Dauerpräparaten, Modelle, Filme, interaktive Computersimulation usw. Die SATIS-Studenten sind andererseits wieder in der europaweit arbeitenden Organisation EuroNICHE (European Network for Individuals and Campains for Humane Education) integriert; dort arbeiten Studierende aus 20 europäischen Ländern zusammen, organisieren Kongresse und bauen Datenbanken über neue Möglichkeiten im Kampf gegen den unsäglichen Tierverbrauch im Studium auf.

26. Fallen auch gentechnische Experimente und Manipulationen in den Bereich der Tierversuche?

Unter Gentechnologie wird die gezielte Veränderung des Erbguts von Mikroorganismen und Pflanzen, aber auch von Tieren verstanden. „Tierdesigner" des US-Departments für Landwirtschaftsforschung in Maryland pflanzten Schweinen das menschliche Gen für das Wachstumshormon ein. Das Schwein hätte ein Superschwein werden sollen, eines, das besonders schnell wächst und besonders saftigen Schinken liefert. Erschaffen haben die Genforscher einen rachitischen Krüppel, apathisch, fast blind, stark behaart und nicht fortpflanzungsfähig (Die Weltwoche, Zürich, Nr. 45/1988). Unter Kombination biotechnologischer Verfahren mit gentechnologischen Methoden werden neue Vermehrungs- und Zuchttechniken entwickelt, bei denen das Tier nicht nur einer erhöhten Fleisch- und Milchproduktion dient, sondern zur Medikamentenproduktion umfunktioniert werden soll. „Gene-farming" bedeutet die Übertragung von Erbgut für neuartige Stoffwechselleistungen. Dadurch können biologische Präparate und Pharmaka unter Verwendung gentechnisch veränderter Tiere in technischem Maßstab produziert werden. Die Milch solcher Tiere geht nicht mehr in die Molkereien, sondern in die Pharmaindustrie. Mit transgenen Tieren – das sind Tiere, denen fremdes Erbgut eingepflanzt wurde – experimentiert man vor allem zu medizinischen Zwecken. So wird zum Beispiel Mäusen das Genmaterial des menschlichen AIDS-Virus eingepflanzt, um Modelle für die AIDS-Forschung zu finden. Bei transgenen Krebs-Mäusen entwickeln sich mit hoher Wahrscheinlichkeit Tumoren. Damit glaubt man die Vorgänge der Krebsentstehung erkennen und Medikamente finden zu können. Kloning à la Schaf „Dolly", als Wissenschaftssensation des ausgehenden Jahrhunderts bejubelt, wird weiteren Manipulationen am Tier ungeahnte Türen öffnen; das Maßschneidern von „Tiermodellen" für typisch menschliche Krankheiten scheint in erreichbare Nähe gerückt. Derzeit (1997) wird an Schweinen er-

Medizin in der Kaninchen-Milch

„'Im Gegensatz zu großen landwirtschaftlich genutzten Tieren bieten Kaninchen mehrere Vorteile: Sie sind relativ billig, sie können einfach in einem Labor oder, falls notwendig, in einer streng kontrollierten Umgebung untergebracht werden. Transgene Kaninchen können von einem kleinen Team in kurzer Zeit hergestellt werden, und eine vorhandene transgene Kaninchen-Linie kann rasch vergrößert werden.' So die Schweizer AutorInnen eines Experimentes in der Zeitschrift BIO/TECHNOLOGY vom Februar. Ihre Idee: Anstelle von Kühen oder Schafen sollen nun Kaninchen mit ihrer Milch pharmazeutisch wichtige Substanzen produzieren. Dafür haben die ExperimentatorInnen das Gen für den menschlichen Wirkstoff Interleukin-2 hinter einen Kaninchen-Genschalter verpflanzt, der normalerweise vor dem Gen für Beta-Casein sitzt und dafür sorgt, daß dieses Eiweiß in weiblichen Kaninchen in die Milch ausgeschüttet wird. In den genmanipulierten Kaninchen jedoch wurde nun Interleukin-2 in die Kaninchen-Milch ausgeschüttet – zwar noch nicht in den erträumten Mengen, doch die WissenschaftlerInnen sind zuversichtlich, auch das bald in den Griff zu bekommen."

(Gen-ethischer Informationsdienst, Nr. 53, März 1990)

probt, diese durch Einpflanzung menschlicher Gene Herzen produzieren zu lassen, die bei Tansplantationen vom Menschen nicht mehr abgestoßen werden. (Siehe zu diesem Fragenkomplex auch: Anita Idel, Gentechnologie und Tierschutz, Echo Verlag, 1991).

27. Wieweit werden gentechnisch veränderte Tiere patentiert?

Wie in Amerika bereits Standard, ist auch bei uns die Patentierung bio- und gentechnisch veränderter Lebewesen aktuell! Die ersten Patente z.B. für die sogenannte Harvard-Maus oder Krebs-Maus wurden bereits erteilt. In dem Vorschlag der EG-Kommission in Brüssel für die Richtlinie des Rates über den rechtlichen Schutz bio-/ gentechnologischer Erfindungen, also für die Patentierung von Lebewesen, wird durchgehend der Begriff „lebende Materie" benutzt. Die Sprache verrät die unglaubliche Mißachtung von empfindsamen Mitgeschöpfen und die immer weiter fortschreitende Abstumpfung gegenüber allen überlieferten Werten. Schließlich wird die Patentierung gentechnisch veränderter Tiere zu einer noch intensiveren Ausbeutung der auch heute schon unendlich geschundenen Tierwelt führen. Das Hochleistungstier als technisch verwertbarer „Bioreaktor" für die billige Produktion von Nahrungsmitteln und pharmazeutischen Produkten ist Ausdruck eines höchst bedenklichen Verhältnisses gegenüber dem Mitgeschöpf Tier.

28. Sind Tierversuche bei neuen gesundheitlichen Bedrohungen nicht gerechtfertigt?

Für die neuen gesundheitlichen Bedrohungen ergeben sich die gleichen Probleme wie bei schon lange bekannten Erkrankungen: Die Ergebnisse aus Tierversuchen liefern allenfalls (widerlegbare) Hypothesen. Diesem Dilemma versucht man durch Verwertung der Erfahrun-

48

gen mit bekannten Substanzen in der Vergangenheit und mit dem Verbrauch mehrerer Tierarten und hoher Substanzmengen an Tieren zu begegnen. Aber das alles sind nur Näherungsversuche und keine sicheren Methoden. Tierversuche fördern die Symptombehandlung und bremsen die Erforschung der Ursachen der Krankheiten. Solange kräftig geforscht wird, brauchen wir unser Verhalten nicht zu ändern. Und, was vielleicht noch schlimmer ist: Solange kräftig geforscht wird, brauchen Hersteller, Verursacher, Verantwortliche keine Konsequenzen zu ziehen. Sollte sich eine Substanz in einer Studie bei einer Tierart als schädigend erweisen, wird wegen des Problems der Übertragbarkeit eine neue Studie in Auftrag gegeben, und so weiter, und so weiter. Tierversuche können uns vor gesundheitlichen Bedrohungen nicht schützen!

29. Sind nicht bei neuartigen Krankheiten, wie z.B. AIDS, Tierversuche notwendig?

Das starre Denkschema der naturwissenschaftlich orientierten Medizin hält zwanghaft an der Methode fest, die Krankheit des Menschen modellhaft beim Tier hervorzurufen und dann mit chemischer Therapie zu unterdrücken. Obwohl dieses Verfahren hinreichend oft als naiv und für den Menschen als geradezu schädlich festgestellt wurde, verlangen manche Mediziner und Wissenschaftler, das Dogma der tierexperimentellen Vorgehensweise auch auf die Krankheit AIDS anzuwenden. Aber sie müssen zunehmend einräumen, daß ihre Versuche nicht von Erfolg gekrönt sind. Unzählige Affen, aber auch alle möglichen anderen Tiere wurden inzwischen infiziert, isoliert, behandelt, geimpft, gequält und getötet. Herausgekommen ist dabei nichts. Es gibt weder ein wirksames Medikament gegen AIDS noch einen effektiven Impfstoff. Prof. Reinhard Kurth, der Präsident des Paul-Ehrlich-Instituts, wird in der Ärzte-Zeitung vom 16.11.1995 mit den Worten zitiert: „Wir haben für Affen einen hervorragenden Impfstoff, der jedoch nicht bei Menschen angewendet werden sollte." Dem ist wohl nichts hinzuzufügen!

Die bisherigen Fortschritte in der AIDS-Forschung beruhen nicht auf Tierversuchen, sondern auf Seuchenlehre, klinischer Beobachtung von Patienten und auf In-vitro-Studien (in vitro = im Reagenzglas) mit Zellkulturen, die der Isolierung, Untersuchung und Bekämpfung des AIDS-Erregers (HIV-Virus) dienen.

30. Welche Möglichkeiten hat die tierversuchsfreie AIDS-Forschung?

Die „In-vitro"-AIDS-Forschung (in vitro = im Reagenzglas) war bei der Entdeckung, Isolierung und Untersuchung des AIDS-Virus sowie bei der Entwicklung von Tests auf Antikörper (HIV-Test oder AIDS-Test) sehr erfolgreich. Weiterhin wurden eine Reihe von Substanzen, welche Wachstum und Vermehrung des HIV-Virus beeinflussen, „in vitro" gefunden. Diese Arbeiten müssen durch klinische Forschung (Erfassung der Verbreitung, Verlaufsbeobachtung und Erforschung der Infektiologie bei aufgetretenem Immundefekt) ergänzt werden. Selbstverständlich müssen Medikamente gegen AIDS entwickelt werden, aber nur vorsichtige, schrittweise und kontrollierte Erprobung an Kranken und Gesunden mit Wissen und Zustimmung der Betroffenen zeigt den wirklichen Wert oder Unwert neuer Arzneimittel und Impfstoffe.

Gleichzeitig muß aber auch von der naiven und kurzsichtigen Ursache-Wirkungs-Betrachtung der Medizin abgegangen und akzeptiert werden, daß es sich hier um eine multifaktorielle, äußerst komplexe Erscheinung handelt, die auch eine entsprechende Therapie erfordert. Zunehmend wird klar, daß die beste Möglichkeit, beim HIV-Infizierten den Ausbruch der Krankheit hinauszuschieben und beim AIDS-Kranken wenigstens eine Stabilisierung zu erreichen, in ganzheitlichen Therapien besteht, welche eine möglichst gesunde Lebensweise mit vernünftiger körperlicher Aktivität, absolutem Alkohol- und Rauchverbot, Umstellung der Ernährung auf Vollwertkost, weitgehender Vermeidung von Streßsituationen etc. beinhalten. Damit soll das Immunsystem, das körperliche Abwehrsystem, wieder gestärkt werden.

31. Was hat der Ursprung von AIDS mit Tierversuchen zu tun?

Die Herkunft von AIDS ist bislang nicht geklärt. Wenn das HIV-Virus das beabsichtigte oder zufällige Ergebnis einer im Labor erfolgten bio- oder gentechnischen Veränderung von natürlich vorkommenden Viren ist, weist dieser Unfall auf die mörderischen Gefahren der Bio- und Gentechnologie hin, die glaubt, daß sich der Mensch zum selbsternannten Schöpfer von gentechnisch veränderten Mikroorganismen, Pflanzen, Tieren und demnächst womöglich auch Menschen aufspielen darf. Wenn das HIV-Virus jedoch durch Mutation, d.h. natürliche Veränderung des Erbguts, aus einem Affenvirus entstanden ist und vom Affen auf den Menschen übergegangen ist, wie viele Forscher heute glauben, zeigt sich hier das enorme Risiko der hemmungslosen Tierversuchs-Wissenschaft, bei der Abermillionen von kranken und gesunden Tieren in aller Welt gequält und getötet werden.

Der biologische Super-Gau: AIDS

„Die Beweise dafür, daß die AIDS-Viren durch unverantwortliche wissenschaftliche Experimente u.a. im Zusammenhang mit der Gentechnologie entstanden sind, verdichten sich immer mehr. So war das sogenannte 'Tiermodell' des menschlichen AIDS lange vor dem Ausbruch der Volksseuche bekannt und zwar als epidermale Erkrankung unter Affen US-amerikanischer Primatenzentren. Beharrlich werden in öffentlichen Stellungnahmen die seit 1969 mehrfach aufgetretenen Affen-AIDS-Epidemien ignoriert. Experimentiert wird vor allem seit Anfang der 70er Jahre mit 'Viruscocktails', insbesondere mit Retroviren tierischen Ursprungs, indem das Vermischen der in der Natur in der Regel getrennten Biosysteme zielstrebig in den Laboratorien forciert wurde. Lange wurde von den Wissenschaftlern die Existenz humanpathogener Retroviren bezweifelt, also solcher Viren, die auf den Menschen übertragen und dort pathogen werden können. Inzwischen hat sich dieser Umstand bewahrheitet. Insbesondere der heute als AIDS-Papst geltende US-Wissenschaftler Robert C. Gallo zeichnete sich in seiner wissenschaftlichen Arbeit durch einen

überaus sorglosen Umgang mit solchen zusammen-
gepanschten Virencocktails, fast ausnahmslos aus
solchen hochgefährlichen Retroviren bestehend,
aus.

Um die Immunschwächekrankheit AIDS in den
Griff zu bekommen, wurden jahrelang Tierversuche
mit Schimpansen und anderen Affenarten unternom-
men in der Hoffnung, in kurzer Zeit einen Impfstoff zu
entwickeln. Nun gestehen Wissenschaftler des auf
dem AIDS-Sektor führenden und international re-
nommierten Paul-Ehrlich-Instituts ein: 'Versuche an
Schimpansen erbrachten keinen Impfstoff gegen
AIDS.'

Mit AIDS-Viren, mutmaßlich durch menschliche
Manipulationen im Reagenzglas entstanden, müssen wir nun einmal leben. Begegnet werden kann der
Krankheit durch eigenverantwortliches Handeln. So
forderte z.B. Prof. Brüster, der Leiter des Zentralinsti-
tuts für Blutgerinnungswesen und Transfusionsmedi-
zin der Medizinischen Einrichtungen der Universität
Düsseldorf, daß seine (tierversuchsfrei entwickelte)
AIDS-Therapie durch eine ganzheitliche Therapie ergänzt werden muß. Dazu gehört seiner Meinung nach
die Anregung zu viel körperlicher Aktivität, Aufenthalt
in frischer Luft, absolutes Alkohol- und Rauchverbot
genauso wie eine Umstellung der Ernährung auf Vollwertkost. Er favorisiert die Synthese zwischen der
technischen Perfektion der heutigen wissenschaftlichen Medizin mit den Erkenntnissen und Erfahrun-
gen traditioneller und konventioneller Heilungsver-
fahren."

(aus: Der Vegetarier 3/88)

32. Gibt es denn überhaupt einen Nutzen aus Tierversuchen?

Ja! Aber vor allem für den Experimentator, der mit der Methode Tierversuch arbeitet, weil er sich damit „wissenschaftlich" profilieren kann (Veröffentlichungen, Doktorarbeiten, Habilitationen, Ansehen, berufliche und wirtschaftliche Vorteile). Tierversuche dienen der Pharmaindustrie, weil sie auf dieser Basis in ihrem wirtschaftlichen Interesse neue Medikamente entwickeln kann, das dazugehörige Haftungsrisiko der Gefährdung von Menschen aber nicht zu übernehmen braucht (Alibifunktion). Tierversuche schaden dem Patienten, weil sie ihm eine Sicherheit vorgaukeln, die es nicht gibt (mehr Todesfälle durch Medikamente als durch Verkehrsunfälle) und ihm eine Wirksamkeit des Medikamentes vortäuschen, die ihm die Motivation nimmt, selbst etwas zu seiner Gesundung beizutragen.

Übertragbarkeit der Tierversuche

33. Können die Ergebnisse von Tierversuchen überhaupt auf den Menschen übertragen werden?

Das Problem der Übertragbarkeit ist einer der Hauptstreitpunkte zwischen Befürwortern und Gegnern der Tierversuche. Zuerst muß hier streng zwischen Wirkung und Wirksamkeit eines Medikaments unterschieden werden. Chemische Substanzen können bei Mensch und Tier vergleichbare Wirkungen (z.B. Bewußtlosigkeit, Funktionsstörungen von Organen, Herzstillstand, Lähmung, Tod etc.) hervorrufen. Es gibt aber viele Beispiele, wo Chemikalien bei Mensch und Tier völlig unterschiedliche Wirkungen hervorrufen (z.B. wird Arsen von manchen Tieren gut, von Menschen gar nicht vertragen; Methylalkohol ist für die meisten Tiere, an denen diese Tests durchgeführt werden, kein Problem, Menschen werden blind davon; Phenobarbital führt bei Ratten und Mäusen zu Leberkrebs, beim Menschen nicht; Thalidomid ist bei vielen Säugetieren in der Schwangerschaft harmlos, beim Menschen führt es zu schweren Mißbildungen). D.h., es kann nie mit Sicherheit vorausgesagt werden, ob eine Wirkung, die beim Tier entdeckt wird, auch beim Menschen auftritt und umgekehrt: Selbst Pharmakologen, die Tierversuche befürworten, bestätigen, daß nur etwa die Hälfte der nach Tierversuchen erwarteten Wirkungen dann tatsächlich beim Menschen zu finden sind und daß ein erheblicher Teil der Wirkungen überhaupt erst beim Menschen auftritt, nicht aber in Tierversuchen.

Es gibt keine objektive Sicherheit oder statistische Wahrscheinlichkeit, mit der aus Tierversuchen das Auftreten oder Nicht-Auftreten einer Wirkung beim Menschen vorausgesagt werden könnte. Das bedeutet, es hängt von der persönlichen Überzeugung und vom Glauben des Wissenschaftlers ab, ob tierexperimentelle Ergebnisse als auf den Menschen übertragbar angesehen werden oder nicht. Aber was hat das noch mit Wissenschaft zu tun?

Bezüglich der Wirksamkeit eines Arzneimittels ist der Unterschied zwischen Mensch und Tier noch weit größer als bei der Wirkung. Die Wirksamkeit eines Medikaments bezieht sich auf die Heilung oder Linderung von Krankheiten. Diese wird durch ein Zusammenspiel so vieler psychosomatischer, genetischer, umwelt- und ernährungsbedingter, sozialer und anderer Einflüsse verursacht, daß es ausgeschlossen ist, die Wirksamkeit eines Arzneimittels durch Tierversuche auch nur annäherungsweise abschätzen zu können.

Wegen der Übertragbarkeitsproblematik kann es übrigens durchaus passieren, daß die Entwicklung eines Medikaments, das sich für den Menschen günstig darstellen könnte, wegen Nebenwirkungsproblemen am Tier vorzeitig abgebrochen wird, obwohl niemand weiß, ob diese Nebenwirkungen beim Menschen auch auftreten würden.

34. Zeigt nicht das Beispiel Contergan, daß früher nicht genug Tierversuche gemacht wurden? Müssen nicht an mehreren Tierspezies fruchtschädigende und erbschädigende Eigenschaften sowie Giftigkeit getestet werden?

Abgesehen davon, daß Ergebnisse aus Tierversuchen, von welcher Tierspezies auch immer, niemals zu wirklich sicheren Voraussagen für den Menschen führen können: Auch die Ergebnisse von Tierversuchen mit verschiedenen Tierspezies und sogar innerhalb einer Tierart, also bei einzelnen Tieren, fallen je nach Befindlichkeit, Alter, Tageszeit, Pflege, Behandlung usw. sehr unterschiedlich aus. Welche Ergebnisse aus welchen Tierversuchen von welcher Spezies sollte man als auf den Menschen übertragbar ansehen und welche nicht? Ein Beispiel: Formaldehyd bewirkt bei Ratten Krebs der Nasenscheidenwand. (Ratten atmen ausschließlich durch die Nase, ihnen wurden extrem hohe Dosen von Formaldehyd verabreicht.) Auf Druck der Herstellerlobby wurde dieser Tierversuch als nicht auf den Menschen übertragbar eingestuft und Formaldehyd lange als nicht krebserregend behandelt. Durch Abstimmung wurde es dann von einer EG-Kommission doch als krebsverdächtig eingestuft.

Doch was hat das noch mit „Wissenschaftlichkeit" zu tun? Phenobarbital bewirkt bei Ratten Leberkrebs. Soll Phenobarbital aus dem Verkehr gezogen werden? Keinesfalls, weil großräumige skandinavische Populationsstudien zeigen, daß Epilepsiepatienten, welche über Jahrzehnte dieses Medikament einnehmen, keine erhöhte Leberkrebs-Häufigkeit haben. Studien über die Karzinogenität von Zigarettenrauch, Saccharin, Natrium-Cyclamat etc. zeigten häufig unterschiedliche Ergebnisse – je nach Auftraggeber der Studie. Übrigens: Gerade die Teratogenität, d.h. die fruchtschädigende Wirkung von Substanzen, die bei der Contergan-Katastrophe Schlagzeilen machte, kann heute mit Zellkulturen sicherer erkannt werden als im Tierversuch. Aufgrund solcher Forschungen kam Contergan in der Türkei gar nicht erst zur Anwendung.

Obwohl nach der Contergan-Katastrophe die Prüfung im Tierversuch auf Schädigung der Frucht im Mutterleib längst zur Routine geworden ist, sind in jüngster Vergangenheit wiederum verkrüppelte Kinder zur Welt gekommen nach Einsatz der Aknemittel Isotretinoin und Etritinat bei schwangeren Frauen. Die Kinder wiesen Gaumenspalten, Herz- und Aortafehler sowie andere Defekte auf. Kein Tierversuch konnte diese Mißbildungen verhindern!

35. Wenn das Argument richtig ist, daß die Übertragung der Ergebnisse aus Tierversuchen für den Menschen sogar gefährlich ist, warum werden dann überhaupt Tierversuche gemacht?

Tierversuche sind Teil des wissenschaftlichen Weltbildes, deren Anhänger alles für machbar und jedes Experiment für zulässig halten, welches die Grenzen der Erkenntnis evtl. noch erweitern könnte. Dieses Weltbild akzeptiert nur Erkenntnisse, die analytisch nachvollziehbar sowie meß- und reproduzierbar sind, übrigens Kriterien, die der Tierversuch trotz permanent vorgebrachter gegenteiliger Behauptungen nicht erfüllt, wie u.a. die total voneinander abweichenden Ergebnisse der Fiebelkorn/ Lagoni-Studie (siehe Literaturverzeichnis) im Auftrag des damaligen Bundesgesundheitsamtes (BGA) am Beispiel des LD_{50}-Tests deutlich zeigen. Alles, was so nicht eingeordnet werden kann, wird ignoriert und bekämpft (z.B. die Naturheilkunde, Homöopathie, ostasiatische Heilverfahren). Im Rahmen dieses Wissenschaftssystems dient das Tier unter Vernachlässigung psychosomatischer Zusammenhänge als Modell für den Menschen, da Experimente am Menschen selbst aus ethisch-moralischen Überlegungen nicht in Frage kommen. Jedes Experiment, auch wenn es einer noch so realitätsfernen Befriedigung von wissenschaftlicher Neugier oder persönlicher Profilierungssucht dient, kann als Beitrag zur Grundlagenforschung gekennzeichnet und von der Wissenschaftlerzunft honoriert werden. Über die Leiden der Tiere wird dabei nicht weiter nachgedacht. Dieses Weltbild, in dem der Wissenschaftler keinerlei Verantwortung für sein Tun und dessen Folgen trägt, wird erst allmählich, allerdings zunehmend auch von Wissenschaftlern selbst, in Frage gestellt.

36. Wo und warum werden bestimmte Tierversuche vom Gesetzgeber verlangt?

Ein Weltbild, welches das Tier als Modell für den Menschen akzeptierte, führte im Zusammenhang mit einer totalen Wissenschaftsgläubigkeit zu dem Dogma, daß jedes Medikament und jede Operationstechnik zuerst am Tier zu erproben ist. Aus einer Wirkung am Tier wird dann, meist unreflektiert, auf eine Wirksamkeit beim Menschen geschlossen. Dieses Dogma schlug sich weltweit in der Gesetzgebung nieder, so daß heute keine Medikamente mehr am Menschen geprüft, geschweige denn zugelassen werden, ohne ein stures System von Tierversuchen (Toxikologie, Pharmakologie) durchlaufen zu haben. Allein in ca. 80 deutschen Gesetzen, Verordnungen und Verwaltungsvorschriften sowie europäischen Richtlinien und europäischen Übereinkommen sind Tierversuche vorgesehen, z.B.: Abwasserabgabengesetz (AbwAG), Arzneimittelgesetz (AMG), Bundes-Seuchengesetz, Chemikaliengesetz (ChemG), Futtermittelgesetz (FMG), Lebensmittel- und Bedarfsgegenständegesetz (LMBG), Pflanzenschutzgesetz (PflSchG), Tierseuchengesetz (TierSG), Waschmittelgesetz und Wasserhaushaltsgesetz (WHG).

Ausdrücklich vorgeschrieben waren Tierversuche bisher im ChemG bzw. in der betreffenden Rechtsverordnung. Ein geändertes ChemG und eine neue Verordnung hierzu traten am 1.8.1990 in Kraft. Zwar enthält das ChemG einen Paragraphen (§ 20, Abs. 6), wonach auf Tierversuche zu verzichten ist, sofern entsprechende Verfahren zur Verfügung stehen, und weniger Tiere bei geringerer Belastung einzusetzen sind; aber praktisch sind viele Tierversuche aufgrund der Anhänge zur neuen Chemikalien-Verordnung vorgeschrieben. Anzahl und Art der Tests hängen von der Menge und Giftigkeit der produzierten Chemikalien ab. Außerdem bedarf die einschränkende Bestimmung des § 20, Abs. 6 der Aufnahme in die entsprechenden EG-Richtlinien, ist also von der Harmonisierung im EG-Raum abhängig – alle EG-Richtlinien über Chemikalien schreiben nach wie vor Tierversuche vor!

Auch das AMG verweist in § 26 auf die Pflicht zur Anwendung von Verfahren, die den Tierversuch ersetzen, der Gesetzgeber fordert aber dessenungeachtet in der am 1.12.1989 in Kraft getretenen Allgemeinen Verwaltungsvorschrift zur Anwendung der Arzneimittel-Prüfrichtlinien viele Arten von Tierversuchen für die Zulassung eines Arzneimittels. Er setzt damit die entsprechenden EG-Richtlinien in deutsches Recht um. Strittig ist nur noch, welche Tierversuche für Arzneimittel zur Grundlagenforschung zählen und damit nicht gesetzlich vorgeschrieben sind, und welche Tierversuche der Zulassung durch die Gesundheitsbehörden zuzuordnen und damit vorgeschrieben sind. Hierüber finden noch Verhandlungen statt, die weitgehend den Wünschen der Industrie entsprechen werden.

Ähnliches wie für das ChemG und das AMG gilt für Tierversuche zu Pflanzengiften laut PflSchG und der entsprechenden Verordnung sowie für das AbwAG. In der Pflanzenschutzmittelverordnung sieht das Bundeslandwirtschaftsministerium in Zusammenhang mit der Biologischen Bundesanstalt folgenden Katalog für Tierversuche vor: 1. akute, 2. kumulativ-toxische, 3. subchronische (Testdauer bis 18 Monate), 4. chronische Toxizität (Testdauer über 18 Monate), 5. Fütterungsstudien und Rückstandsuntersuchungen an landwirtschaftlichen Nutztieren, 6. Stoffwechselversuche, 7. Kanzerogenität, 8. Mutagenität, 9. Reproduktionstoxizität, 10. Embryotoxizität und 11. Teratogenität. Ähnliche Testbatterien gelten selbstverständlich auch für Chemikalien, Arzneimittel und sogar Kosmetika. Die „akute Toxizität“ sieht den (näherungsweisen) LD_{50}-Test, den Draize-Test am Kaninchenauge, die Hautreizung beim Kaninchen und die Sensibilisierung beim Meerschweinchen vor. Die zu prüfende Substanz muß der Ratte und anderen Tierarten einmal oral, dann dermal und zuletzt inhalativ verabreicht werden. Das heißt, die Tiere müssen die Substanz in den Magen, auf die Haut und in die Lunge bekommen!

Wegen der immer stärkeren Vernetzung der nationalen Gesetzgebung mit der EG-Gesetzgebung ist zusätzlich zu berücksichtigen, daß ca. 17 EG-Richtlinien Tierversuche direkt vorschreiben, so zu Viehseuchenrecht, Tierernährung, Tier-Arzneimittel, Arzneimittel, Chemikalien und sogar zu kosmetischen Mitteln. Zur Zeit sind neue EG-Richtlinien für Chemikalien und Kosmetika mit vielen Tierversuchen in Vorbereitung. Beachte: EG-Recht bricht nationales Recht! Diese vom Gesetzgeber ausdrücklich vorgeschriebenen Tierversuche zum Test bestimmter Stoffe haben im Hinblick auf die neu geschaffenen Tierversuchs-Kommissionen (siehe auch Frage 54) noch andere Konsequenzen: Diese Tierversuche sind nämlich gemäß § 8, Abs. 7, Ziff. 1 des Tierschutzgesetzes nicht genehmigungs-, sondern nur noch anzeigepflichtig. So wird die Mehrzahl der Tierversuche, etwa 70 %, aus den Genehmigungsverfahren herausfallen.

Falsch ist, daß der Gesetzgeber für Kosmetika, die dem LMBG unterliegen, Tierversuche zwingend vorschreibt, wie die Vertreter dieser Branche immer wieder gern behaupten, um so die Verantwortung für ihr verwerfliches Tun auf die anonyme Institution des Gesetzgebers abzuschieben. Wer aber in andere EG-Staaten oder Nicht-EG-Staaten liefern will, wird sich nach den EG-Richtlinien oder z.B. nach den Gesetzen in den USA oder Japan richten müssen, die allesamt Tierversuche vorschreiben.

Die Entwicklung von Ersatzmethoden kostet Geld, Zeit und vor allen Dingen Geist, deshalb werden noch viele Produkte völlig überflüssigerweise im Tierversuch getestet, da erstens die Anerkennung von Alternativmethoden als Test verzögert und zweitens durch diese Tests an Tieren die Produzentenhaftung ausgeschlossen wird. (Siehe zu diesem komplizierten Gesetzesdschungel das in gleicher Reihe erschienene Buch: „Das Tier im Recht" von Ingeborg Bingener, Echo Verlag, 1990.)

Das Tier im Tierversuch

37. **Werden Tiere für derartige Versuche benutzt, weil sie unempfindlicher sind als Menschen?**

Aus einer gewissen Ähnlichkeit der neurophysiologischen Merkmale der Wirbeltiere können wir schließen, daß Schmerz beim Tier die gleiche Funktion hat wie beim Menschen, nämlich zu warnen und eine rasche Reaktion auf die Gefahr hervorzurufen. Beispiele aus der Verhaltensforschung zeigen, daß Schmerz und Todesangst in der evolutionären Entwicklung nicht erst beim Menschen auftreten, sondern zumindest bei allen Wirbeltieren. Neuere Forschungen aus dem Bereich der Verhaltensforschung belegen, daß Tiere zwar kein zeitlich-historisches Bewußtsein haben wie der Mensch, aber doch einfache Formen von Bewußtsein. Affen (Primaten), Wale und Delphine dagegen haben höchstwahrscheinlich ein dem Menschen recht ähnliches Bewußtsein. Vielleicht sind viele Versuche für das Tier gerade deshalb besonders schrecklich, weil es die Zusammenhänge nicht begreift wie der Mensch, aber instinktiv die Situation ahnt, bei der es um Leid und Vernichtung geht.

38. Welche Tierarten werden für den Tierversuch benutzt?

Es gibt im Grunde kaum eine Tierart, die nicht im Tierversuch verwendet wurde, obwohl die Tierversuchsbefürworter entgegnen, daß zu 90 % „nur Ratten und Mäuse" benutzt würden. Der Grund für die Verwendung von Nagern: Sie sind kompakt, zäh, billig und leicht zu züchten. Daneben werden in den Laboratorien Kaninchen, Katzen, Hunde, Meerschweinchen, Zwergschweine, Affen, aber auch Vögel – vor allem Zebrafinken –, Goldhamster, Ziegen, Schafe, Schweine, Maultiere, Rinder und viele andere Tierarten eingesetzt.

39. Woher stammen die in Tierversuchen benötigten Tiere?

Nach dem Anfang 1987 in Kraft getretenen novellierten Tier„schutz"gesetz dürfen Wirbeltiere nur dann zu Tierversuchen verwendet werden, wenn sie für diesen Zweck gezüchtet worden sind. Auch hier hat sich der Gesetzgeber ein Hintertürchen offengelassen: So können dann Ausnahmen gemacht werden, wenn solche Tiere nicht zur Verfügung stehen oder der Zweck des Tierversuchs Tiere anderer Herkunft erforderlich macht. In der Vergangenheit sind sogar gestohlene Haustiere in Laboratorien aufgetaucht, wie engagierte Tierschützer nachgewiesen haben. Die Formulierung des Gesetzes läßt trotz einer hierzu ergangenen Verordnung (VO) über tierschutzrechtliche Aufzeichnungs- und Kennzeichnungspflichten für Händler und Institute und trotz Genehmigungspflicht für Handel und Zucht von Versuchstieren gem. Allgemeiner Verwaltungsvorschrift vom 1.7.1988 wegen nicht eindeutiger Bestimmungen befürchten, daß das auch weiterhin passieren kann und die Ausnahme zur Regel wird.

Das Voroperieren von Versuchstieren beim Züchter ist nunmehr nach §6 Tierschutzgesetz verboten. Dies gilt allerdings nicht für den Import, so daß große Versuchstierzuchtfabriken wie „Charles River Wiga" ihre ausländischen Niederlassungen einschalten können, um mit bis zu 17fach voroperierten Tieren ihre Millionengeschäfte zu machen. Mit Fug und Recht sind einige Inzuchtstämme, wie z.B. Nacktmäuse, als Qualzüchtungen zu bezeichnen.

40. Werden Tierversuche nicht unter Narkose durchgeführt?

Niemand bezweifelt, daß z.B. Operationen in den meisten Fällen unter Anästhesie durchgeführt werden, es sind aber auch sehr schmerzvolle Experimente ohne Narkose dokumentiert. Alle Versuche jedoch, die sich über längere Zeiträume erstrecken, laufen bei vollem Bewußtsein der Tiere ab.

Dazu gehören Untersuchungen zur akuten und chronischen Toxizität, bei denen das Tier immerhin mehr oder weniger langsam vergiftet wird. Grausame Berühmtheit erlangte der LD_{50}-Test, bei dem die Dosis einer auf ihre Giftigkeit zu prüfenden chemischen Substanz so lange erhöht wird, bis 50%, also die Hälfte der Versuchstiere, sterben. Aber auch Versuche, bei denen Karzinome hervorgerufen oder epilepsieartige Krämpfe durch Giftstoffe bzw. elektrische Reize erzeugt werden sowie Experimente, bei denen Tiere absichtlich mit Krankheitserregern infiziert werden, außerdem bestimmte Tests in der Schmerzforschung, werden nicht in Narkose durchgeführt. Kurzum: Schwerste Eingriffe ohne Narkose sind erlaubt und durchaus üblich.

„Manche Universitäten nehmen eine Spitzenstellung in der europäischen Forschung ein – was die Grausamkeit ihrer Versuche betrifft! Die Universität Köln gehört dazu. Wie immer mensch den Erkenntniswert von absichtlich herbeigerufenen Herz-Rhythmus-Störungen mit Giften und Gegengiften am Kaninchen beurteilen mag, wie abgebrüht muß ein Wissenschaftler sein, der bei 70 Kaninchen mit akribischer Genauigkeit untersucht, wann und auf welche Weise ein qualvoller Tod durch Herzstörungen eintritt? Nicht einmal die erleichternde Narkose wurde den Tieren gegönnt, weil sonst das Ergebnis der Studie beeinflußt werden könnte. Gibt es eigentlich irgendwo Grenzen für den neurotischen Experimentierzwang unserer Mediziner, Pharmakologen und Biologen?"

(Bernhard Rambeck: Mythos Tierversuch, Verlag 2001, Frankfurt 1990)

41. Wie werden die Tiere gehalten?

Augenzeugenberichte und Fotos dokumentieren, daß die Tiere häufig nicht artgemäß, in viel zu kleinen, oftmals verdreckten Käfigen, Betonboxen oder Plastikbehältern unter ständigem Kunstlicht, beißendem Gestank, ohne Auslauf gehalten und nur mangelhaft verpflegt werden, von menschlicher Zuwendung ganz zu schweigen. Es wurden Beagle-Hunde beobachtet, die in ihrem eigenen Kot und Urin standen, der nur gelegentlich mit einem Wasserstrahl abgespritzt wurde. Durch die ständige Feuchtigkeit entzündeten sich die Pfoten, so daß die Tiere wegen der schmerzhaften Entzündungen nur noch im Liegen fraßen. Mit ihrem eigenen Kot beschmiert, vor irrsinnigen Schmerzen halb von Sinnen, weil sie Gift im Körper hatten (Giftigkeitstests), rannten sie gegen die Käfigwände und schlugen sich blutig.

Querschnittgelähmte Katzen wurden vorgefunden, andere mit Einstichstellen am Hals und dicken Geschwüren, ohne Zähne, mit Blutungen aus dem Maul und epileptischen Anfällen. Affen hatten offene Wunden am ganzen Körper, Metallstäbe im Gehirn, verrottete Zähne, Narben überall an den Gelenken und implantierte Metallplatten in der Wirbelsäule sowie riesige eintätowierte Nummern auf der Brust.

Bei Affen wurden von den Experimentatoren selbst in ihren Veröffentlichungen Veränderungen im Gehirn der Tiere dokumentiert, die durch den chronischen Streß im Labor hervorgerufen worden waren. Im Rahmen der AIDS-Forschung werden Affen in Einzelkäfigen gehalten, um Ansteckung zu vermeiden. Aber ist „Einzelhaft" von hochentwickelten Primaten etwas anderes als psychische Folter?

Das andere Extrem der Versuchstierunterbringung an deutschen Forschungsstätten sind klinisch sauber gekachelte Räume, Musikberieselungsanlagen zur Beruhigung und keimfrei gehaltene Tiere. Optisch vielleicht einwandfrei, aber von artgemäßer Unterbringung keine Spur!

42. Was geschieht nach den Versuchen mit den Tieren?

Das kommt auf den Zustand der überlebenden Tiere an: Sind sie noch „brauchbar", so können sie unter bestimmten Bedingungen für andere Tierversuche verwendet werden, ansonsten werden sie getötet und ihre Organe für In-vitro-Versuche verwendet. Also: Kein Versuchstier verläßt das Labor lebend, auch nicht, wenn es „nur" im Blindversuch war und angeblich keine Leiden erdulden mußte. Selbst kranke Tiere dürfen nach dem neuen Tier„schutz"gesetz zu Experimenten benutzt werden (§ 3, Ziff. 2).

43. Ist es richtig, daß an einem Versuchstier nur noch ein Versuch durchgeführt werden darf?

Nein! Mehrfachversuche sind erlaubt. So heißt es in § 9 des neuen Tierschutzgesetzes: „Wird bei einem Wirbeltier ein schwerer operativer Eingriff vorgenommen oder das Tier in einem mit erheblichen oder länger anhaltenden Schmerzen oder Leiden oder mit erheblichen Schäden verbundenen Tierversuch verwendet, so darf es nicht für ein weiteres Versuchsvorhaben verwendet werden, es sei denn, sein allgemeiner Gesundheitszustand und sein Wohlbefinden sind vollständig wiederhergestellt und der weitere Tierversuch ist nicht mit Leiden oder Schäden und mit nur unerheblichen Schmerzen verbunden." Ein nachfolgender toxikologischer Test, der mit erheblichen Leiden und Schmerzen verbunden ist, darf beispielsweise nicht mehr durchgeführt werden. Aber andere Experimente durchaus.

Nicht unerwähnt bleiben dürfen auch vom Gesetzgeber erlaubte Versuchsabläufe, die mehrere Eingriffe an ein und demselben Tier laut Antrag des Experimentators erforderlich machen, oder Abläufe, die z. B. die Kanzerogenität verschiedener Stoffe, an ein und dasselbe Tier verfüttert, aufschlüsseln sollen. Durch Mehrfachverwendung von Tieren kann die Tierversuchsstatistik erheblich geschönt werden. Was spielt da die Angst des Tieres aufgrund der Erfahrung des/der vorhergehenden Versuchs/Versuche für eine Rolle?

44. Welche Rolle spielen Doppelversuche und wie ließen sie sich vermeiden?

Die pharmazeutische und chemische Industrie muß zu mehr Durchsichtigkeit sowohl in ihrer Produktion als auch in ihrer Forschung gezwungen werden. Es ist nicht zu akzeptieren, daß Forschungsergebnisse aus rein wirtschaftlichen Gründen verschwiegen und damit gleiche Arbeiten in einem Konkurrenzunternehmen provoziert werden. Durch das wissenschaftliche Kopf-an-Kopf-Rennen in den Hauptdisziplinen der universitären Forschungseinrichtungen werden hier viele Tierversuche mehrfach und unabhängig voneinander durchgeführt. Dies wird auch zugegeben, z.T. sogar befürwortet mit der Begründung, daß ein naturwissenschaftliches Experiment jederzeit, an jedem Ort und von jedem Forscher wiederholbar sein muß.

Das novellierte Tierschutzgesetz läßt Doppel- und Wiederholungsversuche ausdrücklich zu, wenn die Überprüfung eines hinreichend bekannten Ergebnisses

„unerläßlich" ist (§ 8 [3] 1.b). Sie ließen sich nur durch ein klares gesetzliches Verbot vermeiden.

Außerdem wäre nicht sicher, nach welchen Kriterien die Genehmigungsbehörden Anträge auf Durchführung von Tierexperimenten als Doppel-, Mehrfach- und Wiederholungsversuche einstufen sollten. Vielfach genügt schon eine kleine Variante innerhalb des Versuchsvorhabens, um ein bereits durchgeführtes Experiment als Neuantrag zu bewerten. Unsere langjährige Erfahrung hat uns gelehrt, daß die zuständigen Genehmigungsbehörden fast immer zugunsten der von Tierversuchen profitierenden Industrie und Wissenschaft entscheiden – das geht allein schon aus der lächerlichen Anzahl nicht genehmigter Tierversuchsprojekte hervor. Des weiteren erhebt sich die Frage, ob überhaupt eine juristische Möglichkeit besteht, einen Tierexperimentator zur Eingabe der von ihm erstellten Ergebnisse, Daten und Befunde in zentrale Datenbanken bzw. zum Abruf der hier eingespeicherten Resultate zu zwingen.

Der Entschließung des Bundestages von 1986 zu einem entsprechenden Tierversuchs-Datengesetz wurde bisher nicht Folge geleistet. Angeblich bestehen unüberwindbare Schwierigkeiten. Selbst innerhalb derselben Universität kann der Tierschutzbeauftragte bzw. Leiter eines Tierlabors nach eigenem Bekunden nicht ausschließen, daß in verschiedenen Fachbereichen die gleichen Versuche stattfinden, zumal sich nicht alle Tiere in der zentralen Einrichtung befinden. Auch fehlt es an der Zusammenarbeit von Universität und Universität sowie von Genehmigungsbehörde und Genehmigungsbehörde.

Der Tierversuch in der Industrie und im militärischen Bereich

45. Ist es wahr, daß auch die Kosmetikindustrie immer noch Tierversuche durchführt?

Ja, in der Kosmetikindustrie werden weiter Tierversuche durchgeführt. Sie sind nach dem neuen Tierschutzgesetz nur verboten zur Entwicklung von *dekorativen* Kosmetika, und auch hier können jederzeit durch Rechtsverordnungen Ausnahmen bestimmt werden. Für den Bereich der „pflegenden" Kosmetika sind Tierversuche ohnehin weiter gestattet. Geprüft werden Roh-, Inhalts- und Konservierungsstoffe und das kosmetische Fertigprodukt.

46. Welche Kosmetikfirmen distanzieren sich vom Tierversuch?

Eine Reihe von Firmen hat die Richtlinien des Deutschen Tierschutzbundes e.V. erfüllt, indem sie rechtsverbindlich erklärt haben, daß seit 1979 weder für ihre kosmetischen Produkte noch für die darin enthaltenen Rohstoffe Tierversuche durchgeführt wurden und daß dies auch in Zukunft nicht geschehen wird; des weiteren haben sich diese Firmen verpflichtet, ihre Inhaltsstoffe offen zu deklarieren. Diese Liste wird laufend überarbeitet, deshalb fordern Sie zu näheren Informationen die Positiv-Negativ-Liste an beim Deutschen Tierschutzbund e.V., Baumschulallee 15, 53115 Bonn. Ein Label (schützende Hand über sitzendem Kaninchen) macht das Produkt für den Verbraucher leicht erkennbar.

Andere Organisationen der Tierversuchsgegner, Tierschutz- und Tierrechtsvereine haben teilweise eigene oder modifizierte Listen tierversuchsfreier Kosmetika erstellt. Mit Hilfe dieser Aufstellungen und einer guten Beratung in entsprechend sensibilisierten Geschäften kann sich heute jeder mit qualfrei erzeugten Produkten umfassend eindecken.

47. Ist die chemische Industrie gezwungen, zur Herstellung neuer Produkte weiterhin Tierversuche zu machen?

Das Chemikaliengesetz schreibt Tierversuche vor – z.B. sind toxikologische Test trotz ihrer inzwischen sogar von den Tierexperimentatoren erkannten Sinnlosigkeit in gesetzlichen Vorschriften verankert und auch in neuen Gesetzeswerken vorgeschrieben (Pflanzenschutz-, Arzneimittelgesetz). Doch viele Tierversuche werden auch von der chemischen Industrie aus dem schon bekannten Grund zur Verminderung der Produzentenhaftung durchgeführt.

48. Wieso kommen in der Bundesrepublik über 50 Pharma-Firmen völlig ohne Tierversuche aus, während andere Firmen behaupten, sie wären sogar gesetzlich dazu verpflichtet?

Nur die größten Pharma-Firmen betreiben wirklich Arzneimittelforschung und damit Tierversuche. Die anderen Firmen produzieren entweder Generika (Nachahmer-Präparate, bei denen keine weiteren Tierversuche gesetzlich vorschrieben sind) oder Medikamente nach Patenten, die sie von forschenden Industrieunternehmen erworben haben.

49. Wie kommt es, daß die pharmazeutischen Firmen so viel Geld mit Tierversuchen verdienen, wenn es gleichzeitig so teuer ist, sie durchzuführen?

Millionenbeträge werden in die Tierversuche gesteckt, Milliardenbeträge mit ihnen verdient. Für die pharmazeutische Industrie erfüllt der Tierversuch eine Alibi-Funktion: Wenn getestete Medikamente und Präparate beim Einsatz in der Humanmedizin doch schwere gesundheitliche Schäden beim Menschen oder sogar dessen Tod verursachen, kann die betreffende Firma unter Hinweis auf die nach gesetzlichen Bestimmungen exakt durchgeführten Tierversuche die Verantwortung auf schicksalhafte und nicht vorsehbare Zusammenhänge schieben und entzieht sich somit der Produzentenhaftung.

Ein zusätzlicher Grund liegt in den relativ hohen Investitionen, die mit der Neuentwicklung von In-vitro-

Methoden und der Umstellung auf tierversuchsfreie Methoden verbunden sind. Die Arzneimittelhersteller verdienen nicht an den Tierversuchen, sondern an den sehr teuren Medikamenten, die u.a. deswegen so teuer sind, weil die hohen Kosten für Tierversuche natürlich auf die Verbraucherpreise abgewälzt werden, die wir durch unsere Krankenkassenbeiträge oder Direktkäufe in den Apotheken bezahlen müssen. Es handelt sich nicht um einen tatsächlichen Marktpreis, sondern um fiktive Preise aufgrund der Wirtschaftsmacht der Konzerne und der kaum vorhandenen Einflußmöglichkeit der Patienten und Krankenkassen. So gesehen subventionieren wir alle Tierversuche auch durch unsere Krankenkassenbeiträge, die bei einem Verzicht auf Tierexperimente und einer Änderung unserer selbstzerstörerischen Lebensgewohnheiten wesentlich niedriger sein könnten! Auch „Gesundheits"-Reformen haben daran nichts geändert. Die Konzerne müssen bei Laune gehalten werden, sonst drohen sie mit Abwanderung.

50. In welchen militärischen Bereichen werden Tierversuche durchgeführt?

Tierversuche werden hier durchgeführt, z.B. um die Soldaten vor den (Schuß-, ABC-)Waffen des Gegners schützen zu können. Nach Bundeswehrangaben wurden von 1979 bis 1985 etwa 80.000 Tiere, davon 832 Hunde, 439 Schafe, 111 Ziegen, der Rest Meerschweinchen, Ratten, Mäuse usw., für sog. wehrmedizinische Forschungsarbeiten verbraucht. So sind alle Tierversuche, die der Heilung von Verwundungen der Soldaten durch Waffen jeglicher Art dienen, weiterhin erlaubt. Dazu müssen die

Tiere dann selbst „verwundet" werden. Die Zahlen von 1987 betrugen gemäß dem Tierschutzbericht 1989 der Bundesregierung angeblich nur noch 2.857 (40 Schafe, 597 Meerschweinchen, 326 Kaninchen, 1.868 Ratten/Mäuse und 26 Gänse). Es darf mit Fug und Recht bezweifelt werden, ob der wehrmedizinische Tierverbrauch, der von der Bundeswehr an wissenschaftliche Institute in Auftrag gegeben wird, darin enthalten ist, z.B. für Schutzmaßnahmen gegen B-Waffen. In Amerika sind Tiere mehrerer Arten in unmittelbar radioaktiv verseuchte Gebiete gebracht und einem qualvollen Tod ausgesetzt worden. Auch Menschenaffen wurden unter hoher Bestrahlungsintensität zur Bedienung von militärischen Geräten gezwungen, um zu testen, wie lange ein Lebewesen dazu fähig ist.

In Deutschland fallen Tierversuche im militärischen Bereich in die Zuständigkeit des Verteidigungsministeriums bzw. der Bundeswehr und unterliegen somit keiner zivilen Kontrolle.

Tierversuch und Ethik

Können Tiere außer starkem physischem Schmerz überhaupt Leiden empfinden?

Jeder, der einmal gesehen hat, wie ein Hund leiden kann, wenn sein Herrchen verreist oder gar gestorben ist, jeder, der einmal beobachtet hat, wie ein Muttertier leidet, dem die Jungen weggenommen wurden, wird diese Frage mit einem klaren Ja beantworten. Aber auch die Verhaltensforschung hat klar und deutlich gezeigt, daß ein Tier genauso leidensfähig ist wie der Mensch. Bei Experimenten der Psychologie wird durch hohen Leistungsdruck sogar erreicht, daß Tiere depressiv und neurotisch werden. Im „Separationsmodell" genannten Test werden junge Affen, Hunde, Katzen oder Nager von ihren Eltern oder Altersgenossen isoliert. Nach einem anfänglichen Stadium des Protests, der durch Erregung, Schlaflosigkeit und Schreien gekennzeichnet ist, tritt

> „Danach werden Leiden namentlich durch der Wesensart des Tieres zuwiderlaufende, instinktwidrige und vom Tier gegenüber seinem Selbst- oder Arterhaltungstrieb als lebensfeindlich empfundene Einwirkungen und durch Beeinträchtigungen seines Wohlbefindens verursacht, (...) die in Verhaltensstörungen und Verhaltensanomalien ihren Ausdruck finden."
>
> *(Albert Lorz: Tierschutzgesetz – Kommentar, 3. Auflage, München 1987, Auszug aus Randziffer 27 zu § 1 TSchG)*

eine Phase der Verzweiflung ein, in der gestörtes Sozialverhalten, Rückzug und Aktivitätsverlust beobachtet
werden.

52. Wäre ein Tierversuch, der 1.000 Menschen retten könnte, nicht auf jeden Fall zulässig, weil der Mensch ohne Zweifel wertvoller als ein Tier ist?

Diese Frage kann schon deshalb nicht beantwortet werden, weil es diesen theoretischen Tierversuch gar nicht
gibt. Eine solche angenommene direkte Beziehung zwischen Tierversuchen und Rettung eines Menschen exi-
stiert nicht. Man kann niemals gezielt ein Arzneimittel
für eine bestimmte Krankheit suchen. Die Suchstrate-
gien mit irgendwelchen Substanzen stoßen bei mindestens 7.999 von 8.000 Versuchen ins Leere, obwohl inzwischen etwa 100.000 Tiere geopfert wurden. Und
auch bei der einen verbliebenen restlichen Substanz
weiß man nicht, ob oder wem sie einmal helfen oder sogar schaden könnte. Die Frage mancher Pharmavertre-
ter: „Wollen Sie das Kind oder das Tier retten?" ist nicht
nur bewußt falsch gestellt, sondern auch ethisch nicht zu
akzeptieren.

Auch die christliche Lehre spricht von der „Ethik der
Mitgeschöpflichkeit", und das neue Tierschutzgesetz bezeichnet in seiner Präambel das Tier als „Mitgeschöpf".
In der Schweiz verzichten übrigens Wissenschaftler auf
einen Erkenntnisgewinn, wenn er nur durch erhebliche
Schmerzen und Leiden von Tieren erreicht werden
kann. Die deutschen Wissenschaftler haben sich gewei-
gert, eine solche Verpflichtung, einen Ehrenkodex, zu
unterschreiben.

53. Hat der Mensch nicht das Recht, ihm unter- legene Lebewesen für seine Zwecke zu benut- zen? („Recht des Stärkeren", „Macht euch die Erde untertan")

Nein! Wenn sich der Mensch als über allen anderen Le- bewesen stehend ansieht, so sollte er auch erkennen, daß er damit eine Verantwortung für diese Lebewesen trägt, die es ihm unmöglich machen müßte, sie zu quälen und zu vernichten. Ein medizinisches System, dessen Voraus- setzungen auf dem Faustrecht basieren und das Qual, Schmerz und Tod für Millionen machtlose Mitlebewe- sen bedeutet, scheint mehr als fragwürdig!

Der Mißbrauch des Bibelspruchs „Macht euch die Erde untertan" hat zu einem verhängnisvollen anthropo- zentrischen Weltbild – der Mensch als Krone der Schöp- fung – geführt und unseren Planeten durch Zerstörung unserer Umwelt und durch Überrüstung, denen immer wieder auch Tierversuche (zur Festlegung der Grenz- werte von Umweltgiften, Erprobung von Waffenwir- kungen usw.) vorausgingen, an den Rand des Abgrunds gebracht.

Die Tierversuche im Bereich der Umweltprophylaxe und/oder -toxikologie haben ja offensichtlich nichts be- wirkt, sonst hätte das mittlerweile schon irreversible Ausmaß der Zerstörung verhindert werden können. Weiterhin ist inzwischen erwiesen, daß die Grenzwert- bestimmungen (an endlosen Tierversuchsreihen mit willkürlich festgelegten Sicherheitszuschlägen ermit- telt) auf unwissenschaftlicher Grundlage stehen und an- läßlich der Tschernobyl-Katastrophe (und nicht nur da) willkürlich gehandhabt wurden, so wie es wirtschaftspo- litisch gerade noch machbar war.

54. Sind Tierversuche bei „Schädlingen" wie Ratten nicht gerechtfertigt? Sie werden als Ungeziefer doch auch vergiftet?

Wer sich gegen Tierversuche einsetzt, wird konsequenterweise auch gegen das qualvolle Vergiften von Tieren, z. B. Ratten, sein. Es ist uninteressant, daß etwa 90 % der Tierversuche ausgerechnet mit Ratten und Mäusen durchgeführt werden, nicht aber mit Hunden, Katzen usw. Als selbsternannte Herren der Welt teilen wir die Tierrassen in nützliche, angenehme, süße und ekelerregende bzw. abstoßende ein. Mit der letzten Gruppe erlauben wir uns, verstärkt zu forschen, zum angeblichen Wohl der Menschheit.

„Vermutlich leidet eine Maus oder eine Ratte unter einer tödlichen Infektion genauso wie ein Shetlandpony. Und doch sind wir von Experimenten mit Tieren, welche uns nahestehen oder schon immer mit dem Menschen in einer besonderen Beziehung standen, besonders erschüttert. Trotzdem, für das Experimentaltier ist es egal, ob es als Ekeltier oder als Kuscheltier eingeschätzt wird. Unsere Entrüstung muß jeder leidenden oder gequälten Kreatur gelten."

(Bernhard Rambeck: Mythos Tierversuch, Verlag 2001, Frankfurt 1990)

Tierversuche und Tierschutzgesetz

55. **Es gibt doch ein Tierschutzgesetz, in dem Tierversuche geregelt sind! Und warum erläßt der Gesetzgeber trotz der ablehnenden Haltung eines Großteils der Bevölkerung gegenüber Tierexperimenten nicht ein grundsätzliches Verbot der Tierversuche?**

Obwohl große Teile der Bevölkerung ein zunehmendes Verantwortungsbewußtsein gegenüber unserer Umwelt und vor allem gegenüber den Tieren zeigen, war und ist der Druck interessierter Wirtschaftskreise und der universitären Forschungslobby auf die Ministerialbürokratie und die Abgeordneten des Bundestages immer stark genug gewesen, ein fortschrittlicheres Tierschutzgesetz zu verhindern. Statt bei der Neufassung des Tierschutzgesetzes 1986 zu versuchen, Tierexperimente drastisch einzuschränken, blieb alles beim alten.

Tierschutzgesetz § 1

„Zweck dieses Gesetzes ist es, aus der Verantwortung des Menschen für das Tier als Mitgeschöpf dessen Leben und Wohlbefinden zu schützen. Niemand darf einem Tier ohne vernünftigen Grund Schmerzen, Leiden oder Schäden zufügen."

Es kommt einer Farce gleich, daß in §1 das Tier als „Mitgeschöpf" (scheinbar) anerkannt wird, dessen Leben und Wohlbefinden zu schützen ist, und nach demselben Gesetzeswerk diesen Mitgeschöpfen Schmerzen, Leiden und Schäden zugefügt werden dürfen, wenn ein sog. „vernünftiger Grund" vorliegt. Als „vernünftiger Grund" gilt natürlich alles, was der Mensch im großen Rahmen zu seinem Nutzen oder Vergnügen mit Tieren anstellt, von der unvorstellbar grausamen Massentierhaltung, über die mörderischen Tiertransporte, bis zur unsäglichen Pelztierzucht oder der Jagd, bei der der Mensch seinen primitivsten Trieben frönen kann. Was im Zusammenhang mit Tierversuchen ein „vernünftiger Grund" ist, wird in §7 Absatz 2, dargestellt:

Tierschutzgesetz § 7 Abs.2:

„Tierversuche dürfen nur durchgeführt werden, soweit sie zu einem der folgenden Zwecke unerläßlich sind:

1. Vorbeugen, Erkennen oder Behandeln von Krankheiten, Leiden, Körperschäden oder körperlichen Beschwerden oder Erkennen oder Beeinflussen physiologischer Zustände oder Funktionen bei Mensch oder Tier,

2. Erkennen von Umweltgefährdungen,

3. Prüfung von Stoffen oder Produkten auf ihre Unbedenklichkeit für die Gesundheit von Mensch oder Tier oder auf ihre Wirksamkeit gegen tierische Schädlinge,

4. Grundlagenforschung."

Da wird also in § 1 gefordert, das Tier als Mitgeschöpf zu schützen, und in § 7 alles erlaubt, was ohnehin im Tierlabor gemacht wird. Der § 7 ist nämlich eine komplette Auflistung aller tierexperimentellen Aktivitäten, die an Universitäten, in der Industrie und bei Behörden üblich sind.

Auch das Gebot, Tierversuche auf das „unerläßliche Maß“ zu beschränken, wird kein einziges Versuchstier vor dem meist qualvollen Dasein und sinnlosen Labortod retten, da sowohl dieser als auch viele andere Begriffe im Gesetzestext beliebig interpretierbar sind. Abgesehen davon können ca. 70 % der Tierexperimente durch das Tierschutzgesetz ohnehin nicht verhindert werden, da diese durch andere (konkurrierende) Gesetze, Verordnungen und Richtlinien vorgeschrieben und daher nur anzeige- und nicht genehmigungspflichtig sind!

Aber auch die genehmigungspflichtigen Tierexperimente, die z.B. im Rahmen der sog. Grundlagenforschung an den Universitätsinstituten stattfinden, werden durch das jetzt geltende Tier„schutz“gesetz keineswegs reduziert, denn die Antragsteller müssen die behauptete Notwendigkeit geplanter Tierversuche nicht nachweisen, sondern nur „wissenschaftlich begründet darlegen“. Dies hat zur Folge, daß fast alle Versuchsvorhaben von den zuständigen Behörden genehmigt werden.

Nur in zwei Bereichen werden tatsächlich Tierversuche verboten: Zur Entwicklung oder Erprobung von Waffen (§ 7 Abs.4) und zur Entwicklung von Tabakerzeugnissen, Waschmitteln und dekorativen Kosmetika (§ 7 Abs. 5). Aber das in der Gesetzesnovelle verankerte „Verbot“ von Tierexperimenten zur Entwicklung oder Erprobung von Waffen und Munition (§ 7 Abs. 4) zielt ins Leere, da das Bundesverteidigungsministerium im-

83

mer wieder behauptet, „Tierversuche bei der Bundeswehr ausschließlich zur Entwicklung von Schutz- und
Heilmöglichkeiten für unsere Soldaten gegen Waffen-
wirkungen" – also nicht zur „Entwicklung" von Waffen
– durchzuführen.

Auch das „grundsätzliche" Verbot von Tierversuchen
zur Prüfung von Tabakerzeugnissen, Waschmitteln und
dekorativer Kosmetik (§ 7 Abs. 5) greift nicht, denn Ausnahmen werden laut Gesetzestext per Rechtsverordnung bestimmt, „soweit es erforderlich ist". Abgesehen
davon ist die Tabakindustrie auch gar nicht an Tierversuchen zur Prüfung von Tabakerzeugnissen interessiert, es
könnte sich ja herausstellen, daß das Rauchen auch im
Tierversuch hoch riskant ist – was für den Menschen
längst bekannt ist. Das Verbot bezüglich der dekorativen
Kosmetik betrifft auch nur einen kleinen Teil aller Kosmetika, da nur wenige dieser Produkte rein dekorativ
sind. Fast alles, wie zum Beispiel ein Lippenstift, hat im
Sinne der Kosmetikindustrie auch einen pflegenden
Charakter und darf damit beliebig im Tierversuch getestet werden. Weiterhin mag richtig sein, daß die Kosmetikindustrie weniger Tierversuche macht, ihre Rohstoffe
sind ja längst nach dem Chemikaliengesetz tierexperimentell getestet.

So bleibt also jeder Tierversuch, auch wenn er zu länger anhaltenden oder sich wiederholenden erheblichen
Schmerzen oder Leiden führt, erlaubt, wenn die ange-
strebten Ergebnisse vermuten lassen, daß sie eine „hervorragende Bedeutung für wesentliche Bedürfnisse von
Mensch und Tier einschließlich der Lösung wissenschaftlicher Probleme" spielen (§ 7 Abs. 3). Eine solche
„hervorragende Bedeutung" dürfte eben für fast jeden
Tierversuch zu begründen sein.

Eine wirkliche Güterabwägung findet nicht statt. Sie könnte nur erreicht werden, wenn endlich der Tierschutz im Grundgesetz verankert würde und damit Verfassungsrang bekäme. Aber das wußte die Mehrheit der Abgeordneten im Bundestag bisher zu verhindern.

Übrigens: „Infas" führte eine Repräsentativerhebung im Bundesgebiet durch, die im April 1986 veröffentlicht wurde. Danach halten 78 % der Befragten den heutigen Umfang der Tierversuche für „nicht vertretbar", und insgesamt 86 % plädierten für ein Verbot der Tierversuche ohne bzw. mit streng geregelten Ausnahmen. Dieses Ergebnis wurde durch eine Emnid-Umfrage zu einer anderen Fragestellung (Regierungsprogramm 1987 bis 1990) im Oktober 1986 bestätigt: Danach forderten 76 % der Befragten ein Verbot von Tierversuchen mit wenigen Ausnahmen.

56. Tierversuche müssen doch behördlich genehmigt werden. Schließt das Genehmigungsverfahren tierquälerische und überflüssige Tierversuche nicht aus?

Nein! Die meisten, d.h. gesetzlich vorgeschriebenen Tierversuche brauchen nicht genehmigt, sondern nur angezeigt zu werden. Genehmigungspflichtig sind nur etwa 20-30 % der Versuche, meist in der Grundlagenforschung. Die Genehmigungsbehörden (d.h. Verwaltungsbehörden) sind mit der Beurteilung von Tierversuchen völlig überfordert, obwohl sie z.B. gem. § 8 Abs. 3 TSchG zur Prüfung verpflichtet sind, ob die Experimentatoren wissenschaftlich begründet dargelegt haben, daß die Versuche einem der Zwecke nach § 7 Abs. 2 TSchG dienen, unerläßlich und ethisch vertretbar sind, dem Stand der wissenschaftlichen Erkenntnisse entsprechen und keine Ersatzmethoden vorliegen. Sie sind aber meist nicht in der Lage, Notwendigkeit, wissenschaftliche Hintergründe und Bedeutung, ethische Vertretbarkeit von Tierversuchen wirklich zu überprüfen, und akzeptieren daher fast immer die Begründungen der Antragsteller.

57. Nach dem geltenden Tierschutzgesetz werden die Behörden bei Anträgen auf Tierversuche aber doch von Kommissionen unterstützt!

Das ist richtig. Nach dem Tierschutzgesetz sind den Genehmigungsbehörden Kommissionen beigeordnet, die zur Entscheidungsfindung bei der Tierversuchsgenehmigung beitragen sollen. Sie haben jedoch keine Entscheidungsbefugnis, sondern nur beratende, unterstützende Funktion, und Vertreter des Tierschutzes sind mit einem Drittel der Stimmen in der Minderheit. Die Kommissionen (sie heißen übrigens nicht Ethik-, sondern Tierversuchskommissionen) werden zu zwei Dritteln mit Vertretern der Medizin und der Naturwissenschaft besetzt, also Berufsgruppen, die selbst an der Durchführung von Tierversuchen beteiligt sind oder die Experimente aus anderen Motiven grundsätzlich befürworten, so daß durch diese Kommissionen keine spürbare Eindämmung der Tierversuche zu erwarten ist, zumindest nicht auf absehbare Zeit. Das Gesetz ließe im übrigen eine paritätische Besetzung der Kommissionen zu. Dies wäre z.B. möglich, wenn ein Tierschützer Fachvertreter ist. Die Bedingungen des Gesetzes heißen nur: Die Mehrheit muß aus Fachleuten bestehen. Daß mindestens 1/3 Tierschützer sein müssen, steht dem nicht im Wege, im Gegenteil. So stellen die Kommissionen, bei deren Besetzung es bereits skandalträchtige Manipulationen zugunsten der Tierversuchsbefürworter gegeben hat, nur eine Alibifunktion dar, um die Öffentlichkeit zu täuschen, zumal diesen Kommissionen eben nur 20-30 % der Tierversuchsvorhaben überhaupt vorgelegt werden. Daß diese Tierversuchskommissionen zum größten Teil reine Alibifunktion haben und im Sinne des Tierschutzes kaum wirken, hat zu einer großen Austrittswelle der Tierschutzvertreter aus den Kommissionen geführt.

58. Gibt es eine besondere gesetzliche Regelung für Versuche am Tier, die ohne Betäubung durchgeführt werden sollen?

Für Versuche mit schweren Verletzungen ist im Tierschutzgesetz zwar eine absolute Betäubungspflicht eingeführt: „An einem Wirbeltier darf ohne Betäubung ein mit Schmerzen verbundener Eingriff nicht vorgenommen werden", doch wird diese Betäubungspflicht durch den Hinweis verwässert, daß selbst Versuche mit schwersten Belastungen der Tiere zulässig sind, wenn die Ergebnisse „vermuten lassen, daß sie für wesentliche Bedürfnisse von Mensch und Tier einschließlich der Lösung wissenschaftlicher Probleme von hervorragender Bedeutung sein werden", oder wenn die Betäubung dem Versuchszweck entgegensteht.

59. Werden Tierversuche von Bund und Ländern finanziell gefördert?

Studien mit Tierversuchen, die von Universitäten o. ä. Einrichtungen durchgeführt werden, erhalten auf Antrag direkt von den Landesministerien oder z.B. von der Deutschen Forschungs-Gemeinschaft (DFG) z.T. erhebliche finanzielle Unterstützung. Dies sind fast ausschließlich Steuergelder. Auch hier müssen wir alle ungefragt Tierversuche subventionieren, ob wir nun wollen oder nicht. Es gibt aber auch die Förderung durch private Stiftungen, bei denen der primär gute Zweck (z.B. Krebsforschung) pervertiert wird: Die Ausrichtung der Krebsforschung auf Tierversuche hat nicht nur keine Ergebnisse erbracht, sondern weltweit in eine Sackgasse geführt. Der menschliche Krebs hat andere Entstehungsursachen und Erscheinungsformen als der Krebs beim Tier – sei es nun der spontan entstandene oder der künstlich produzierte –, so daß Tierversuche bei seiner Erforschung, Behandlung und Heilung nicht weiterhelfen können. Durch das Festhalten am Tierversuch wurden andere Forschungsmöglichkeiten blockiert oder nicht erkannt.

Der Weg zur Abschaffung der Tierversuche

60. **Welche Rolle spielen Presse und Fernsehen bei der Abschaffung der Tierversuche?**

Die Tierversuchsgegner haben einen mächtigen Verbündeten, dessen Wert sie nicht hoch genug einschätzen können: Die Medien! Zahllose Dokumentationen über Tierexperimente wurden und werden auf allen Fernsehkanälen ausgestrahlt. In verschiedensten Diskussionsveranstaltungen im Radio und im Fernsehen konnten Tierschützer ihre Argumente darlegen. Viele kritische Artikel und Leserbriefe wurden in den letzten Jahren in Zeitungen und Zeitschriften über Skandale im Zusammenhang mit dem Tierversuch abgedruckt. Die Berichte in den Medien haben bewirkt, daß jedes Kind auf der Straße beim Stichwort Tierversuch an die unsinnigen Quälereien in den Tierlabors denkt. Die Strategie der Tierversuchsgegner war erfolgreich: Sie versorgten die Journalisten immer wieder mit wissenschaftlichen Dokumentationen über Tierversuche, das heißt mit tierexperimentellen Veröffentlichungen aus Fachzeitschriften. Diese konkreten Beispiele können von den Experimentatoren nicht mehr verharmlost und geleugnet werden.

61. Was haben die Tierversuchsgegner in den letzten Jahren tatsächlich erreicht?

Unermüdlich kämpfen Tierschützer und Tierversuchsgegner gegen die Ausbeutung des Tieres als Meßinstrument und Demonstrationsmaterial in Wissenschaft und Forschung. Was haben sie letztlich damit erreicht?

▶ Die Zahl der Tierversuche ging zurück. Die Zahlen der Bundesregierung sind geschönt (siehe Frage 5), aber der Trend nach unten stimmt. Es ist eindeutig, daß in fast allen Bereichen mit weniger Tieren experimentiert und zahllose In-vitro-Systeme zum Tragen kommen.

▶ Zunehmend gibt es Behörden, Gerichte und Politiker, die sich bemühen, Tierversuche zu verhindern. In Marburg untersagte erstmals ein Regierungspräsident die Verwendung von 36 Ratten für die Ausbildung von Biologie-Studenten mit der Begründung, daß Alternativen in Form von Filmen etc. zur Verfügung stünden. Die Auseinandersetzung geht aber noch weiter, weil ein anderes Gericht das Urteil revidierte. In Berlin wurde den von Prof. Quabbe an der Universität im Rahmen der Hirnforschung durchgeführten Versuchen mit Affen vorläufig keine weitere Genehmigung vom Senat erteilt. Prof. Quabbe ging vor das Bundesverfassungsgericht, erhielt die Genehmigung dann doch, ist aber inzwischen verstorben. In München befaßte sich sogar der bayrische Landtag mit Versuchen an 20 Makakenaffen. In Österreich wurden Mitte 1992 alle Tierversuche an Hunden vom Wissenschaftsminister verboten.

▶ Der Glaube an die Sicherheit von Medikamenten dank Tierversuchen ist in den letzten Jahrzehnten schwer erschüttert worden. Zahllose Beispiele von Substanzen, welche tierexperimentell für sicher gehalten

90

und dann beim Menschen zu tragischen Komplikationen führten, haben die Illusion, daß auf einem Berg von toten und gequälten Tieren neue sichere Medikamente gefunden werden könnten, nachhaltig gestört.

▶ Immer mehr Menschen interessieren sich für alternative Heilweisen, welche ohne jeden Tierversuch zu großen Erfolgen führen können. Naturheilkunde, Akupunktur, Homöopathie, tibetische, chinesische und indische Heilsysteme usw. usw. Etwas besseres kann uns und den Tieren gar nicht passieren. Soweit bekannt, ist unsere an den Naturwissenschaften orientierte Medizin das einzige Gesundheitssystem der Menschheitsgeschichte, das glaubt, sich zur erfolgreichen Behandlung kranker Menschen unzähliger absichtlich geschädigter und getöteter Tiere bedienen zu müssen. Andere Kulturen hatten viel zu viel Respekt vor unseren Mitgeschöpfen, als daß sie an Experimente mit Tieren auch nur gedacht hätten!

62. Was kann der einzelne denn gegen Tierversuche tun?

▶ Werden Sie Mitglied in einer Vereinigung, die sich konsequent für ein absolutes gesetzliches Verbot der Tierversuche einsetzt.

▶ Beschäftigen Sie sich eingehend mit dem Thema Tierversuche, damit Sie andere von der Berechtigung unserer Forderungen überzeugen können. Informationsmaterial stellen Ihnen die Organisationen der Tierversuchsgegner gern zur Verfügung (z.B. Vereinigung „Ärzte gegen Tierversuche" e.V., Nußzeil 50, 60433 Frankfurt, Tel. 069-519411).

▶ Geben Sie Aufklärungsschriften der Tierversuchsgegner weiter an Verwandte, Freunde, Bekannte und Arbeitskollegen, motivieren Sie Ihre Mitmenschen, einer Tierschutzvereinigung beizutreten, die sich für die Abschaffung der Tierversuche einsetzt; je mehr Bürger sich zusammenschließen, desto eher werden die Verantwortlichen in Politik, Wissenschaft und Industrie dem Druck der Öffentlichkeit nachgeben.

▶ Machen Sie mit an den Informationsständen der Tierversuchsgegner. Verbreiten Sie Informationsmaterial u.a. in Schulen, Universitäten, Kirchen, Jugendzentren, Vereinen. Bitten Sie Ihren Arzt, Zahnarzt, Heilpraktiker oder Tierarzt, in seinem Wartezimmer Unterlagen gegen Tierexperimente auslegen zu dürfen.

▶ Sammeln Sie Unterschriften für die Abschaffung der Tierversuche, deren Anzahl dem Gesetzgeber einen Eindruck über die öffentliche Meinung vermitteln soll.

▶ Beteiligen Sie sich an Veranstaltungen und Protestaktionen gegen Tierversuche.

▶ Unterstützen Sie die organisierten Tierversuchsgegner durch Spenden, damit diese ihre Öffentlichkeitsarbeit auch in Zukunft wirkungsvoll fortsetzen können.

▶ Sprechen Sie Vertreter von Umwelt- und Naturschutzverbänden, Parteien, Kirchen, Jugendorganisationen und anderen Institutionen an; helfen Sie mit, diese für Initiativen gegen Tierversuche zu gewinnen.

▶ Verzichten Sie nach Möglichkeit auf Produkte, die an Tieren getestet werden (u.a. Medikamente, Kosmetika, Chemikalien). Verwenden Sie statt dessen z.B. Haus- und Naturheilmittel und verlangen Sie Generika, falls es allopathische Mittel sein müssen; kaufen Sie tierversuchsfreie Kosmetika sowie Wasch- und Reinigungsmittel aus natürlichen Rohstoffen, die nicht durch Tierexperimente geprüft wurden (siehe Kosmetik-Liste des

Deutschen Tierschutzbundes); Sie können sich Ihre
Kosmetik auch selbst herstellen, Anleitungen hierzu finden Sie auf dem Buchmarkt.

▶ Schreiben Sie an Presse, Rundfunk und Fernsehen,
wenn Beiträge über Tierversuche erscheinen bzw. ge-
sendet werden. Die Zuschriften sollen möglichst kurz
und sachlich sein. Sammeln und verbreiten Sie entsprechende Presseartikel.

▶ Richten Sie Protestbriefe an den Bundeskanzler, an
die Parteivorsitzenden sowie die Fraktionsvorstände der
im Deutschen Bundestag vertretenen Parteien – außerdem an die Bundesministerien für Landwirtschaft, Gesundheit, Forschung und Verteidigung. Fordern Sie zusätzlich auch Bundestags- und Landtagsabgeordnete auf,
konkrete und wirksame Maßnahmen zur Abschaffung
der Tierexperimente zu ergreifen.

▶ Geben Sie Ihre Wählerstimme nur der Partei, die sich
tatsächlich für die Belange des Tierschutzes einsetzt –
Ihre Stimme kann für das Schicksal der Tiere entschei-
dend sein.

Dies sind nur einige Möglichkeiten, wie Sie sich aktiv
gegen Tierversuche einsetzen können – Ihrem Engage-
ment sind praktisch keine Grenzen gesetzt.

63. Wie kann ich mich über Tierversuche ein-
gehend informieren?

Die Organisationen der Tierversuchsgegner stellen Ihnen gerne fundiertes Informationsmaterial zur Verfügung (z.B. Vereinigung „Ärzte gegen Tierversuche“ e.V.,
Nußzeil 50, 60433 Frankfurt, Tel. 069-519411).

Literatur

Bingener, Ingeborg: Das Tier im Recht. Echo Verlag, Göttingen 1990

BMFT: Ersatzmethoden zum Tierversuch. Bundesministerium für Forschung und Technologie, Bonn 1983, 1986

Croce, Pietro: Tierversuch oder Wissenschaft – eine Wahl. Buchverlag CIVIS-Publications, CH 6900 Massagno, 1988

Droeven, Anne Marie (Hrsg.): Irrweg Tierversuch – Fakten, Daten, Hintergründe. Lenos Verlag, Basel 1985

Fiebelkorn, Joachim / Lagoni, Norbert: Tierschutzrelevanz von Datensammlungen über Tierversuche und Alternativmethoden. bga-Schriften 1/84, MMV-Verlag, München 1984

Franke, Klaus (Hrsg.): Mehr Recht für Tiere. Spiegel-Buch, Rowohlt Verlag, Reinbek 1985

Grimme, L. Horst / Anker, Sabine / Damm, Ingo / Faust, Michael / Flügger, Jo / Kittelsen, Klaus / Klinger, Matthias / Littkemann, Bernd / Paprotka, Margite / Thilat, Thorsten / Zeschmar-Lahl, Barbara: Projekt Herbizide: Die Problematik von Wirkungsschwellenwerten in Pharmakologie und Toxikologie. Bremen 1983

Gruber, F.P. / Spielmann, H.: Alternativen zu Tierexperimenten. Spektrum Akademischer Verlag, Heidelberg 1996

Händel, Ursula (Hrsg.): Tierschutz – Testfall unserer Menschlichkeit. Fischer Verlag, Frankfurt 1984

Idel, Anita: Gentechnik und Tierschutz. Echo Verlag, Göttingen 1991

Illich, Ivan: Die Nemesis der Medizin – Von den Grenzen des Gesundheitswesens. Rowohlt Verlag, Reinbek 1983

Kienle, Gerhard: Arzneimittelsicherheit und Gesellschaft. Schattauer Verlag, Stuttgart/New York 1974

Kopp, Klaus G.: ...denn es fühlt wie Du den Schmerz. Rita Fischer Verlag, Frankfurt 1990

Kracht, Olaf: Sterben für die Forschung. Edition Harmsen, Heidelberg 1993

Kroth, Eva: Das Tierbuch. Verlag Zweitausendeins, Frankfurt 1985

Langbein, Kurt / Martin, Hans-Peter / Sichrovsky, Peter / Weiss, Hans: Bittere Pillen. Nutzen und Risiken der Arzneimittel – ein kritischer Ratgeber. Kiepenheuer & Witsch Verlag, Köln neueste Auflage 1995

Lorz, Albert: Tierschutzgesetz-Kommentar. 3. Auflage, München 1987

McKeown, Thomas: Die Bedeutung der Medizin. Suhrkamp Verlag, Frankfurt 1982

Osnowski, Rainer: Menschenversuche – Wahnsinn und Wirklichkeit. Kölner Volksblattverlag, Köln 1988

Pratt, Dallas: Leiden vermeiden – Alternativen zum Tierversuch. Turm Verlag, Bietigheim 1983

Rambeck, Bernhard: Mythos Tierversuch – Eine wissenschaftskritische Untersuchung. Verlag Zweitausendeins, Frankfurt 1990

Ruesch, Hans: Nackte Herrscherin – Entkleidung der medizinischen Wissenschaft. Hirthammer Verlag, München 1978

Ruesch, Hans: Die Fälscher der Wissenschaft. Hirthammer Verlag, München 1979

Ruesch, Hans: Die Pharma-Story. Hirthammer Verlag, München 1985

Ruesch, Hans (Hrsg.): 1000 Ärzte gegen Tierversuche. Hirthammer Verlag, München 1987

SATIS (Studentische Arbeitsgruppen gegen Tiermißbrauch im Studium): SATIS-Studie 1995. Timona Verlag, Bochum 1995

SATIS: Über Leichen zum Examen? – Tierversuche im Studium. Timona Verlag, Bochum 1996

Stiller, Herbert / Stiller, Margot: Tierversuch und Tierexperimentator. Hirthammer Verlag, München 1977

Stiller, Herbert/ Stiller, Margot / Weiss, Ilja: Tödliche Tests – Experimente mit Tieren und Menschen. Hirthammer Verlag, München 1979

Stiller, Herbert: Die herzlose Wissenschaft. Hirthammer Verlag, München 1986

Teutsch, Gotthard Martin: Tierversuche und Tierschutz. Verlag C. H. Beck, München 1983

Völkel, Manfred: Nachdenken – Umdenken. Chemische Substanzen und Tierversuche. Verlag Haller Druck, Eggolsheim 1987

Walden, Sina / Bulla, Gisela: Endzeit für Tiere – ein Aufruf zu ihrer Befreiung. Rowohlt Verlag, Reinbek (rororo 9310) 1992

Wollschläger, Hans: „Tiere sehen Dich an" oder Das Potential Mengele. Greno-Verlag, Nördlingen 1987

Außerdem im EchⱺVERLaG erschienen:

Reihe **Aktuelle Fragen – sachliche Antworten**

● Nina Kleinschmidt / Wolf-Michael Eimler:
Massentierhaltung
96 Seiten, mehrere Fotos, Paperback,
ISBN 3-926914-08-4, DM 10,80

● Walter Christiansen:
Die Jagd ist nicht mehr zeitgemäß
128 Seiten, Paperback, ISBN 3-926914-10-6, DM 14,80

● Ingeborg Bingener:
Das Tier im Recht
144 Seiten, Paperback, ISBN 3-926914-13-0, DM 14,80

● Edmund Haferbeck:
Pelztierzucht – Das sinnlose Sterben
176 Seiten, mehrere Fotos, Paperback,
ISBN 3-926914-09-2, DM 16,80

...und viele weitere Titel. Jährlich erscheint:
Der TierschutzKalender!
256 Seiten A6, Lesebändchen

Ganz aktuell:
Kath Clements:
**Vegan. Über Ethik in der Ernährung &
die Notwendigkeit eines Wandels**
Mit Rezeptbeispielen, Nährwerttabelle, neuesten Fakten
zum BSE-Skandal. Vorwort von Prof. Claus Leitzmann.
144 Seiten, Paperback, ISBN 3-926914-28-9, DM 15,–

Bitte fordern Sie unser Verlagsprogramm an:
Echo Verlag, Postfach 1704, 37007 Göttingen